Schäfer/Weylo

Die Ernährung bei Psoriasis

Die Ernährung bei Psoriasis

Ratschläge und Kochrezepte

Von Dr. med. Günther Schäfer
und Dipl. oec. troph. Andrea Weylo

Mit 25 farbigen Abbildungen

4., verbesserte und erweiterte Auflage

HAUG

Karl F. Haug Verlag · Heidelberg

Die Deutsche Bibliothek – CIP-Einheitsaufnahme

Schäfer, Günther N.:
Die Ernährung bei Psoriasis: Ratschläge und Kochrezepte / von Günther Schäfer und Andrea Weylo. – 4., verb. und erw. Aufl. – Heidelberg: Haug, 1991
3. Aufl. u.d.T.: Weylo, Andrea: Tips und Hinweise für die Ernährung bei Psoriasis (Schuppenflechte)
ISBN 3-7760-1158-0
NE: Weylo, Andrea:

Titel-Nr. 2158 · ISBN 3-7760-1158-0

Gesamtherstellung: Heinrich Schreck KG, 6735 Maikammer

Inhalt

Vorwort aus ärztlicher Sicht

Die Ernährung des Menschen ist offenbar doch nicht so problemlos, wie allgemein angenommen wird. Der beste Beweis hierfür liegt in der Vielzahl von Diätbüchern und Kochanweisungen. Man findet sie stapelweise in Buchhandlungen, in keiner Illustrierten dürfen sie fehlen, und ganze Abende werden über dieses Thema gefüllt. Alle diese Nahrungsrichtlinien sind mit Hingabe und Mühe zusammengestellt, und alle Welt ist emsig dabei, immer Neues zu entwickeln und Besseres zu finden. Leider gibt es aber auch vieles auf diesem „Ernährungsmarkt", was bei kritischer Betrachtung kaum geeignet ist, dem Hilfesuchenden wirklich seine Fragen zu beantworten bzw. seine gesundheitlichen Probleme zu lösen.

In alten Zeiten wurde der Mensch durch seinen Instinkt geleitet, sich artgerecht zu ernähren. Riten und Dämonen spielten dabei eine helfende und warnende Rolle. Im Laufe der Zeit aber ist der Mensch einem Abstumpfungsprozeß unterlegen. Seine Instinkte sind weitgehend verdrängt durch Anspruchsdenken, Genußsucht, Überheblichkeit gegenüber dem „Primitiven". Er ist somit weitestgehend allem ausgesetzt, was um ihn herum angeboten und angepriesen wird. Er wird zum Opfer aller möglichen Strömungen und Verführungen. Das Wort vom Wohlstand macht die Runde.

Zugleich aber werden die warnenden Stimmen immer lauter, die darauf hinweisen, daß nicht alles, was gut schmeckt, auch gesund ist, daß der Mensch maßvoll sein sollte und er sich nicht einseitig ernähren sollte. Ärzte und Wissenschaftler sind bemüht, diesbezügliche Fragen und Probleme aufzuklären. Klar und eindeutig hat die Ernährungswissenschaft die Nahrungsbedarfsmengen ermittelt, die jeder Einzelne täglich benötigt. Ebenso sind alle Zweifel ausgeräumt hinsichtlich der Notwendigkeit einer Wohlausgewogenheit der Nahrung. Und schließlich gibt es heute wissenschaftlich gut gesicherte Erkenntnisse über bestimmte Erkrankungen und deren Beeinflussung durch die Nahrung.

Viele Krankheiten sind heute bekannt, deren Verlauf durch eine richtige oder falsche Ernährung beeinflußbar sind. Der Gallenkranke muß sich nicht wundern, wenn er immer wieder Koliken hat, solange er nicht auf Nüsse und Eier verzichtet. Der Bluthochdruckkranke wird kaum Besserung erfahren, solange er nicht das Salz im Essen einschränkt. Der

Zuckerkranke kann in größte Gefahr kommen, wenn er zuviel Zucker in seiner Nahrung aufnimmt.

An diesen Beispielen kann der Leser wohl deutlich erkennen, wie wichtig es ist, bewußt zu leben, zu essen, und sich um sein Wohlsein zu kümmern. In diesem Sinne soll dieses Buch eine Hilfe für Psoriatiker und Neurodermitiker sein. Zu unserem Erstaunen gibt es unter der Vielzahl von Diätanweisungen noch nichts spezielles für Psoriatiker.

An dieser Stelle ist es wohl richtig, dem Leser mitzuteilen, daß wir selbst Betroffene sind, woraus sich auch unser Engagement erklärt. Ich bin im Verlauf meines ärztlichen Lebens vielen tausend Psoriasispatienten begegnet. Es war somit nur eine logische Folge, daß ich mich mit diesem Hautproblem eingehender befaßt habe, daß ich viele Gespräche mit meinen Leidensgenossen geführt habe. Dies hat mir einen tiefen Einblick in das Krankheitsgeschehen gegeben, wie auch in die Seelen derer, die davon betroffen sind. Es war eben auch dieser enge Kontakt, der mir allmählich eine Perspektive eröffnete, die zuerst verblüffend und erstaunlich war, sich aber dann zu Erkenntnissen und Regeln zusammenfand, die ich nun meinen Mitbetroffenen weitergeben kann.

So hat sich zweifelsfrei gezeigt, daß Psoriasis (Schuppenflechte) und Neurodermitis nicht eigentliche Hautkrankheiten sein können. Wäre dies so, dann sollte es genügen, mit rein äußerlichen Anwendungen ihrer Herr zu werden. Wenn aber nur die Haut krank ist, weil unter ihr, im Körper, Fehlabläufe stattfinden, die zu Fehlproduktionen führen, dann sieht die Sache schon ganz anders aus. Und jeder Betroffene weiß doch selbst von seinen Zweifeln über diese oder jene Behandlungmaßnahme, der er sich unterzog, da er doch ahnte, daß auch diese Maßnahme wieder – wie die vielen anderen davor – nicht helfen könne, da sie „nur" von außen ansetzte.

Erst seit wenigen Jahren zeichnet sich ab, daß Psoriasis und Neurodermitis eher als Stoffwechselstörungen zu sehen sind, die erblich verankert sind. Hieraus folgert aber auch, daß diese beiden Leiden nicht im eigentlichen Sinne heilbar sind. Die Betroffenen müssen vielmehr lernen, sich durch Lebensführung und Ernährung so zu verhalten, daß sie mit möglichst reiner Haut über die Runden kommen und nicht so sehr leiden müssen.

Zum Verständnis der Vorgänge im Körper sollte ich wohl an dieser Stelle den Begriff „Stoffwechsel" näher erläutern. Es handelt sich dabei um höchst komplizierte Vorgänge in unserem Körper, die uns zu unserer Energieversorgung verhelfen; Verbrennungsprozesse also, die hauptsächlich im Zellinnern ablaufen und die als Brennmaterial Stoffe aus der Nahrung benötigen: Fette, Kohlenhydrate und Eiweiße.

Ich glaube, ich darf dies dem Leser nicht so eng umgrenzt darstellen, sondern sollte dies etwas breiter ausführen: Wir nehmen also unsere Nahrung zu uns. Diese ist – so hoffe ich – eine ausgewogene. Sie besteht aus Obst, Gemüse, Fleisch, Fisch, Backwaren, Rohkost usw. Die Nahrung wird in Magen und Darm erst einmal verdaut, damit diejenigen Stoffe, die wir aus dem Darm in den Körper aufnehmen müssen, auch die Darmwand passieren können. Das sind die oben genannten Fette, Kohlenhydrate und Eiweiße. Diese werden über die Blutbahn erst einmal durch die Leber geschleust, wo sie für den Weitertransport hergerichtet werden. Die Leber behält sich einen Teil davon zurück. Je nach Bedarf sind das besonders die Eiweißstoffe, die hier zu körpereigenem Eiweiß synthetisiert werden. Von der Leber gelangen die Stoffe dann weiter. Sie werden in die einzelne Zelle im Fleisch, in den Muskeln, im Gehirn usw. eingeschleust und dort „verbrannt", d.h. abgebaut, wodurch die einzelne Zelle ihre Energie gewinnt, ohne die sie ja nicht existieren könnte.

Umgekehrt wird alles Abfallmaterial, was aus dem Körper ausgeschieden werden muß, zum größten Teil auch über die Leber geführt, um dort ausscheidungsgerecht gemacht zu werden. So hat die Leber in unserem Stoffwechsel eine zentral wichtige Rolle, sie ist unser Entgiftungsorgan.

Alle diese Vorgänge in unserem Körper sind wiederum abhängig von Vitaminen, Mineralien, Enzymen, die überall auf Posten sind, um ihre Aufgabe zu erfüllen. Wir benötigen diese ebenso, wie die Nahrung selbst, ja, sie sind Teil einer richtigen Ernährung!

Die Urmenschen wußten von alldem nichts. Sie haben als Sammler einfach alles in sich „hineingemampft". Aber sie haben sofort gemerkt, wenn ihnen etwas nicht bekam, und sie haben dieses dann gemieden – für immer! Das tun wir heute leider nicht mehr, denn heutzutage hat man dann ja sein Mittelchen dagegen. Seien es irgendwelche Tropfen gegen Magendrücken oder eine Pille gegen Verstopfung oder etwas gegen den Kater nach zuviel Alkohol.

Wir haben auch das Maß für die rechte Menge an Zutaten zu unseren Speisen verloren. Der Gast im Restaurant bestellt sich ein Pfeffersteak und wenn ihm dieses serviert wird, versucht er nicht erst, ob es so recht ist, sondern er greift sofort zum Pfefferfaß und streut noch einmal eine gehörige Portion von diesem starken Gewürz darüber. Es ist ja auch im Überfluß vorhanden. Er braucht nur zuzugreifen.

Für Psoriatiker und Neurodermitiker gilt somit, daß eine gute Funktion der Leber für sie einen ganz besonderen Stellenwert hat. Hält man sich die Entwicklung der Behandlungsmethoden bei Psoriasis oder Neurodermitis vor Augen, dann muß auffallen, daß es in den 50er Jahren fast eine Mode war, diese beiden Leiden über die Leberfunktion zu behandeln. Man gab Leberpräparate und Vitamin-B-Präparate in ganzen Spritzenserien. Oftmals gelang es so, das Hautleiden zumindest deutlich zu bessern. Viele dieser Methoden sind inzwischen wieder in Vergessenheit geraten, da sie doch nicht den erhofften Erfolg brachten.

Für mich besteht heute überhaupt kein Zweifel mehr darüber, daß die Leber bei Psoriasis und Neurodermitis eine wichtige Rolle spielt. Wenn es gelingt, sie in ihrer Entgiftungsfunktion zu entlasten, haben es Psoriatiker und Neurodermitiker leichter „in" ihrer Haut. Zumindest ist der Juckreiz, der sie nächtelang plagen kann, gelindert. Und so war die Frage zu stellen, welche Nahrungsstoffe oder vielleicht auch nur welche Zutaten dafür verantwortlich sein könnten, daß die Haut an manchen Tagen geradezu „explodiert" und welche Belastung der Leberfunktion Psoriasis und Neurodermitis geradezu zum „Dauerbrenner" werden läßt.

Und dieses schubweise Geschehen betrifft bei vielen Psoriatikern besonders nicht nur die Haut, sondern auch die Gelenke. Es gibt diesbezüglich noch eine Kontroverse hinsichtlich der Häufigkeit der Gelenkbeteiligung. Rheumatologen sprechen auch heute noch von nur etwa 5%. Nach meinen Statistiken sind aber ca. 30% aller Psoriatiker auch von Gelenkpsoriasis betroffen. Und dies wird mir heute durch eine Umfrage bei den Mitgliedern des Deutschen Psoriasis-Bundes bestätigt. Viele Psoriatiker wissen bis heute nicht, daß das plötzliche Anschwellen eines Zeigefingergelenkes oder eines Kniegelenkes auch mit seiner Psoriasis zu tun hat. Sie rätseln und finden keine Erklärung. Erst heute, da man weiß, daß Psoriasis und Neurodermitis Stoffwechselstörungen sind, hat man hierfür die Antwort: Jeder Psoriatiker oder Neurodermitiker folgt seinem ihm eigentümlichen Reaktionsprogramm und reagiert so auf schädliche Einwirkungen mit Verschlimmerung seines Leidens. Dieses differenziert sich entsprechend seines Reaktionsprogramms, so daß die Haut und/oder die Gelenke plötzlich erkranken können, daß Juckreiz und/oder Hauterscheinungen plötzlich auftreten oder auch wieder verschwinden können. Der Unterschied der Krankheitsbilder bei verschiedenen Patienten kommt dadurch zustande, daß jeder einzelne Mensch ein ihm eigentümliches Reaktionsprogramm hat. Alle Krankheitserscheinungen aber zusammengenommen, haben einen einzigen gemeinsamen Nenner: die Störfaktoren, die auf einer bestimmten Stoffwechselstufe fälschlicherweise entstehen.

Wenn nun aber die Leber im psoriatischen oder neurodermitischen Alltag eine so wichtige Rolle spielt, dann wird es auch zur logischen Forderung, daß man mit der Nahrung aufpassen muß, um nicht unnötige Belastungen für die Leber zu bewirken. Man sollte solche Dinge in der Nahrung weglassen, die als Gifte in der Leber entgiftet werden müssen.

In jahrelanger Praxiserfahrung und mit Hilfe vieler Betroffener ist es gelungen, diejenigen Substanzen herauszufinden und einzukreisen, die für Verschlimmerungen verantwortlich sind.

Ich gebe hier eine kurze Zusammenstellung:

- Pfeffer
- Gewürznelke
- Senf
- Muskat
- Kümmel
- Anis
- Paprikapulver
- Zimt

- Haselnüsse
- Walnüsse
- Erdnüsse und
- Erdnußöle

- alle Zitrusfruchtschalen

- Traubenweine und alle Produkte hieraus

In der Hauptsache handelt es sich also um Gewürze, und zwar meist solche, die vom Fruchtstand oder Blütenstand der jeweiligen Gewürzpflanze stammen, oder um solche Nahrungsbestandteile, die besonders aromahaltig sind. Und unter diesen wiederum betrifft es nur diejenigen von besonders aggressiver Natur, die schon wegen ihrer intensiven Duft-

oder Geschmackswirkung nur in Spuren verwendet werden können. Dies gilt für Pfeffer ebenso wie für Nußaroma, für Öle aus Zitrusfruchtschalen, wie für Fuselöle des Traubenweines.

Wohlverstanden, es gibt kaum ein Nahrungsmittel, das nicht irgendeinen Geschmack hat bzw. ein Aroma. Diese sind aber weicher in Geschmack und Wirkung als die oben genannten und somit für Psoriatiker und Neurodermitiker harmlos, d.h. der Entgiftungsaufwand ist hier nicht so groß, so daß er hinsichtlich einer Leberbelastung keinen Stellenwert hat. Psoriatiker oder Neurodermitiker können also praktisch alles essen und trinken. Sie dürfen nur nicht mit allen Gewürzen würzen.

Hier rasch ein paar Beispiele: Entgegen der weitverbreiteten Regel, daß Schweinefleisch für Psoriatiker und Neurodermitiker schädlich sei, ergibt sich aus dem oben Gesagten, daß sie Schweinefleisch sehr wohl essen dürfen, aber eben nicht mit Pfeffer gewürzt! Oder: Sie müssen ihren Orangensaft selbst pressen und dürfen ihn nicht der Einfachheit halber kaufen. Sie müssen leider auf Hasel- und Walnüsse verzichten, können aber auf Mandeln oder Kokosnüsse ausweichen. Beim Wein wird es schon schwieriger, und die Auflage des Verzichts ist eher noch wichtiger als bei den Gewürzen, denn er provoziert Psoriasis und Neurodermitis geradezu. Aber es gibt auch hier genügend Ausweichmöglichkeiten, auf die wir später noch eingehen werden.

Ich möchte hier auf die Konsequenzen eingehen, die sich aus dem Gesagten ergeben. Wenn Sie z. B. keine Gewürznelken verwenden dürfen, dann gilt, daß Sie nicht mehr **Ketchup** verwenden dürfen, sondern eben nur Tomatensaft oder -mark. Auch **Lebkuchen** enthalten Gewürznelken! Oder, wenn Sie Muskat meiden müssen, dann kann es für Sie keinerlei **Wurst** mehr geben, denn das Gewürz Nr. 1 des Metzgers ist Muskat-außer anderen Gewürzen natürlich. Auch roher Schinken ist dann nicht mehr erlaubt, denn in vielen Sorten ist Muskat als Lösung eingespritzt.

Überhaupt müssen Sie wissen, daß praktisch alle Standardgewürze Nelken, Pfeffer und Muskat enthalten. All die vielen Würzbeigaben müssen daher von Ihnen gründlich geprüft werden, ob nicht derartige Gewürze vorhanden sind. Man meidet sie am besten. Dies gilt für **Soßenwürfel, Suppenwürfel** und alle **fertiggewürzten Speisen**.

Als Grundregel gilt ganz einfach, daß Sie sicherlich mit allem würzen dürfen, was aus Wurzeln, Knollen oder Blättern besteht. Nur diejenigen

Gewürze, die vom Blüten- oder Fruchtstand der Gewürzpflanze kommen, sollten Sie streng meiden.

Hinsichtlich der Nüsse noch ein Wort: Nicht das Nußfleisch, Nußfett und -öl sind die Übeltäter und auch nicht alle Nußsorten, sondern nur die Aromastoffe in Hasel-, Wal- und Erdnüssen. Da man diese aber nicht aus dem Nußöl heraustrennen kann, müssen wir sie meiden. Hier heißt es hinsichtlich Mischölen und -fetten in der Küche aufpassen, die vielleicht alle als Pflanzenöle bezeichnet sind. Deshalb also nicht Mischpflanzenfette und -öle mit irgendwelchen Phantasienamen verwenden, sondern solche, die klar bezeichnet sind: Maiskeimöl, Olivenöl, Distelöl, Palmin, Sonnenblumenöl, Butter, Schmalz usw.

Nun gibt es natürlich Genußmittel, die solche verbotenen Fette und Öle enthalten: z. B. Schokolade. Sie finden die Inhaltsstoffe auf der Packung aufgelistet; darunter ist auch „Pflanzenfett". Dies kann Erdnußbutter sein, die Sie ja meiden müssen. Es gilt also, solche Schokoladen auszusuchen, die als Grundlage etwa Kakaobutter enthalten. Nußschokolade ist natürlich zu meiden.

Nun zu den Zitrusfrüchten: Hier geht es um die Schale. Sie dürfen das Fruchtfleisch essen und handgepreßten Saft trinken, aber sie dürfen diese Säfte nicht kaufen! Industriell hergestellte **Orangen-**, **Zitronen-** und **Grapefruitsäfte** sind immer maschinell hergestellt und immer mit der Schale gepreßt, so daß die Öle aus der Schale immer mit im Saft sind. Auch dürfen Sie keine Zitronenschalen mehr in den Kuchenteig reiben, kein **Orangeat** und **Zitronat** mehr verwenden, keine **Limonade** mit Zitronen-, Orangen- oder Grapefruitaroma mehr trinken, keine **Orangenmarmelade** mehr essen. Und schließlich gehören hierzu auch **Orangenliköre!**

Schließlich Traubenwein: Ich weiß, es gibt viele Menschen, die nicht ohne Wein auszukommen glauben. Und der Verzicht auf dieses Gesellschaftsgetränk scheint schwer. Bei genauerer Betrachtung sollte es aber nicht schwer sein, auch hier Auswege zu finden. Denn es geht ja gar nicht um den Alkohol, wie vielerorts behauptet wird. Es geht wiederum um die Aromastoffe im Wein und nur um diese! Sie mögen sich austesten, wenn Sie wollen: Wein provoziert Ihre Psoriasis oder Neurodermitis direkt, während ein anderes alkoholisches Getränk (Gin, Schnaps, Wodka usw.) dies nicht tut.

In der Konsequenz gilt dieses Verbot für alle Weine aus Trauben, also auch für Südweine, ebenso für Rotwein, Weißwein, Champagner, Weinessig und Kräuteressig. Erlaubt dagegen sind alle Beerenweine, Apfelwein und Bier sowie alle Schnäpse.

Während der letzten Jahre hat sich auch noch eine weitere Gruppe Nahrungsmittel hinzugesellt: die vielen Käsesorten. Und in der Tat, auch hier gibt es Sorten, die Psoriatiker und Neurodermitiker meiden sollten. Einerseits kommt es natürlich wiederum auf die Gewürze an, die im Käse enthalten sein können, andererseits aber ist wichtig zu wissen, daß viele Käsesorten mit Penizillium-Pilzkulturen beimpft und dadurch für Psoriatiker und Neurodermitiker problematisch werden. Die Unterscheidung ist sehr einfach: alle Käsesorten mit Schimmelpilz auf der Oberfläche sollten gemieden werden, während alle natürlichen Käsesorten ohne Bedenken gegessen werden können (s. S. 141).

Hierzu muß ich wohl erklärend ausführen, daß Psoriatiker und Neurodermitiker im Fall von Infekten nicht mit Penicillinen behandelt werden sollten. Es gehört offenbar zu den Eigentümlichkeiten der Reaktionslage bei Psoriasis und Neurodermitis, daß Penicillin verschlimmernd wirkt. Ja, es wurden Fälle berichtet, bei denen Penicillin gar der Auslöser eines ersten Schubes war. Da Penicillin aber ein Ausscheidungsstoff von entsprechenden Pilzkulturen ist, ergibt sich hieraus der Zusammenhang mit einer Empfindlichkeit auf betreffende Käsesorten. Dies bedeutet aber nicht, daß Psoriatiker oder Neurodermitiker keine Antibiotika mehr erhalten dürften! Man muß eben nur auf solche ausweichen, die nichts mit Penicillin zu tun haben.

Nachfolgend finden Sie Listen, in denen alles klar gegenübergestellt ist. Ich glaube nicht, daß Sie, nachdem sie alles eingehend überdacht haben, viel Verzicht leisten müssen. Es geht ganz einfach darum, Ihre Küche umzustellen und sich mit Kräutergewürzen zu behelfen. Sie werden bald feststellen, daß Sie mit der Zeit einen wichtigen Gewinn aus diesen Regeln herausfinden: Es wird sich für Sie eine neue, bessere Geschmacksqualität ergeben. Denn, da Sie nicht mehr mit Standardgewürzen alles gleichmäßig zudecken, werden Sie jetzt mit feineren Gewürzen den Eigengeschmack dessen, was Sie bereiten, herausheben können!

Noch ein Gesichtspunkt erscheint mir wichtig: alles Angeführte ist eine Sammlung von Erfahrungswerten. Wir haben alles erfaßt und zusammengestellt, was wichtig erscheint. Dabei mußten wir eine Durchschnittsregel „für alle" finden und konnten „Einzelpersonen" nicht berücksichtigen. Es ist durchaus möglich, daß Einzelne nicht auf alles ungünstig ansprechen, was hier angesammelt ist. Dies herauszufinden, ist aber Sache des einzelnen Betroffenen. Vielleicht wird es nur wichtig sein, daß sich der Leser anfangs strenger an die vorgegebenen Regeln hält. Daß er nach Eintritt der Besserung aber selbst an sich experimentiert, ob er das eine oder andere nicht doch verträgt.

Wir möchten mit diesem Buch ja nicht eine Zwangsjacke für uns alle empfehlen, sondern es sollen vielmehr Hinweise und Tips sein, die wichtig sind, die aber nicht das allein Seligmachende zu sein brauchen.

Natürlich dürfen Neurodermitiker weiterhin diejenige Nahrung beibehalten, mit der sie bislang einigermaßen über die Runden kamen. Dies gilt vor allem hinsichtlich tierischem Eiweiß, Milcheiweiß oder Hühnereiweiß usw. Hinzu kommen aber die hier vorgetragenen Regeln. Und wenn dann alles langsam besser wird, darf ohne schlechtes Gewissen der Versuch gemacht werden, den Speisezettel zu erweitern. Denn oftmals liegt bei den Betroffenen lediglich eine Entwöhnung vor, die durch die Wieder- bzw. Neuaufnahme von kleinen Mengen der verbotenen Eiweiße allmählich überwunden werden kann. Wichtig in dieser Hinsicht ist jedoch, daß die bei Neurodermitis zusätzlich vorliegenden Allergien zusätzlich abgebaut werden, indem man eine entsprechende Behandlung mit Colimune S 100 oder S 200 durchführt.

Keine Frage, daß der Anfang für Sie einige Schwierigkeiten bringen wird. Aber Sie werden bald erkennen, daß alleine mit diesen Regeln eine gewisse Besserung und Beruhigung der Haut und der Gelenke erreicht werden kann, so daß Sie zumindest vom Juckreiz befreit sind und die Schuppung abnimmt. Und wenn dann noch die richtige Medikation dazukommt, dann haben Sie es bald geschafft, Ihre Psoriasis oder Neurodermitis unter Kontrolle zu bekommen.

Wir geben Ihnen anschließend noch Tabellen und Gewürzlisten, die Sie sich einprägen sollten. Daran anschließend folgen – in Gruppen eingeteilt – Kochrezepte aller Art, die Ihrer Küche wieder Schwung bringen und Ihnen selbst eine kleine Hilfe sein sollen, damit Sie nicht hilflos vor einem Problem stehen, welches keines ist...

Nehmen Sie hierzu meine besten Wünsche für „gutes Gelingen" entgegen.

Ich sollte wohl noch darauf hinweisen, daß die Mehrzahl der Psoriatiker und Neurodermitiker für einen guten Zustand der Haut und der Gelenke wohl nicht ohne begleitende Medikamente auskommt. Nach der erreichten Abklärung muß man aber mit den Ernährungsregeln fortfahren, da ja sonst die Gefahr besteht, daß man ein Neuauftreten der Haut- und Gelenkerscheinungen heraufbeschwören würde.

Als Stoffwechselstörungen müssen Psoriasis und Neurodermitis folgerichtig auch in dieser Richtung behandelt werden. Die hierzu gefundene Substanz heißt Fumarsäure, und man spricht daher heute auch von der Fumarsäuretherapie. Diese Substanz ist körpereigen. Sie kommt praktisch überall im Körper vor. Es gibt heute bereits mehrere Zubereitungen, die zum Teil auf Eigenrezepturen beruhen. Aber auch pharmazeutische Firmen haben sich damit befaßt und verschiedene Präparate auf den Markt gebracht. Im Verlauf der letzten Jahre und im Zuge der Neuregelungen und strikteren Bestimmungen des Arzneimittelgesetzes sind aber die meisten dieser Präparate nicht mehr im Handel, und es ist nur noch ein Fertigpräparat übriggeblieben, das alle toxikologischen, vorklinischen und klinischen Prüfungen durchlaufen hat bzw. durchläuft: das Fumaderm P mite* und Fumaderm P forte*. Auch ich habe in meinen letzten Jahren des ärztlichen Handelns zunehmend auf dieses Präparat zurückgegriffen und bin deshalb damit vertraut.

Die Fumarsäuretherapie ist natürlich auch keine Wunderwaffe! Meist benötigt man bis zu 6 Monaten bis zur völligen Abklärung. Eine Psoriasis, die schon mehrere Jahrzehnte bestanden hat, kann nicht in einigen Tagen zum Verschwinden gebracht werden. Und eine Neurodermitis, die man „aus der Wiege" mitgebracht hat, benötigt ebenfalls ihre Zeit der Umstimmung im Körper. Wichtig am Anfang einer Fumarsäurebehandlung ist vor allem, nicht zu ungeduldig zu sein und gleich mit zu hohen Dosierungen zu beginnen. Dann kann es passieren, daß die Fumarsäure nierenschädlich ist. Doch dies ist ein Trugschluß, da nicht die Fumarsäure nierenschädlich wirkt, sondern die auf der Fumarsäurestufe im Stoffwechsel entstehenden Störfaktoren, die bei zu hoher Anfangsdosis wie eine Lawine auf die Nieren zukommen und dort eine Reizung bewirken. Folgt man jedoch den vorgegebenen Regeln, so wird niemand einen

* Fumap harm, Muri/Aargau

Schaden davontragen. Dies hat sich bei mehreren tausend Patienten in den vergangenen zwei Jahrzehnten erwiesen.

Es bestand jedoch die Schwierigkeit, daß der Arzt in keinem medizinischen Lehrbuch über Fumarsäure nachlesen kann; ein Umstand, der jetzt beendet wurde, denn seit kurzer Zeit ist mein Buch „Fumarsäuretherapie der Psoriasis und Neurodermitis"* erhältlich.

Ich möchte sehr hoffen, daß es mir mit dem hier Gesagten gelungen ist, den Leser dahingehend zu überzeugen, daß es durchaus einen erfolgversprechenden Weg gibt, sich des Problems Psoriasis oder Neurodermitis zu entledigen. Sobald es dem Einzelnen bewußt wird, daß dies wirklich ein guter Weg ist, kann sich der Leidensdruck auflösen, die Hoffnungslosigkeit verschwindet, eine tiefgreifende Selbstbefreiung wird zum Erlebnis, das Leben hat wieder einen Sinn. In diesem Sinne Ihnen nochmals alle meine guten Wünsche

Bad Säckingen im Frühjahr 1991 *Dr. med. G. N. Schäfer*

---

* erschienen im Karl F. Haug Verlag Heidelberg

Vorwort der Rezeptautorin

Ich litt selbst seit meinem 10. Lebensjahr an einer chronischen und sehr hartnäckigen Form der Psoriasis. Obwohl kaum eine Behandlungsmethode unversucht blieb, stellten sich die erhofften Erfolge nicht ein.

Von daher kann ich mir Ihre Skepsis und die gleichzeitige Hoffnung, die Sie beim Lesen dieses Buches haben, gut vorstellen. Ich habe sie selbst erlebt.

Zusammen mit der Diät führte ich die Fumarsäurebehandlung durch und wartete in den ersten Wochen vergeblich auf eine einschneidende Besserung meines Hautzustandes. Doch erst nachdem die Dosis unter strenger ärztlicher Kontrolle kontinuierlich weiter erhöht wurde, kam von einem Tag zum anderen der Punkt, an dem sich die erhoffte Wirkung zeigte. In meiner Euphorie achtete ich nicht mehr in dem Maße auf die Ernährungsregeln und erlitt auch prompt einen leichten Rückfall. Insgesamt war ich erst nach vier Monaten völlig erscheinungsfrei. Dieser Zustand hielt bis heute an. Ein Erfolg, der mich überzeugte und der mir auch von anderen Leidensgenossen bestätigt wurde.

Selbst wenn Sie der Fumarsäurebehandlung gegenüber negativ eingestellt sind, kann allein durch eine Umstellung der Ernährungsgewohnheiten Ihr Hautzustand nicht nur stabilisiert, sondern auf Dauer gebessert werden.

Ein paar Worte noch zu dem Rezeptteil. Als Betroffene wählte ich die Rezepte so aus, daß Sie ihre Ernährungsgewohnheiten so wenig wie möglich, aber so viel wie nötig verändern müssen.

Die Rezepte sollen der ganzen Familie schmecken, so daß die lästige Extrakocherei wegfällt.

Die Gerichte sollen im Alltag unkompliziert zubereitet werden können und Ihrem Geschmack entsprechen. Nur so ist gewährleistet, daß Sie auf Dauer Ihre Ernährung umstellen und dabei nicht das Gefühl haben, auf die Genüsse des Lebens verzichten zu müssen.

Andererseits möchte ich Ihnen als Ernährungswissenschaftlerin auch einen Weg zur gesunden vollwertigen Ernährungsweise aufzeigen. Da dies den Rahmen dieses Buches jedoch sprengen würde, möchte ich Sie auf einige Vollwerternährungsbücher verweisen, in denen diese Thematik ausführlich behandelt wird. Denn der Vorteil der Vollwerternährung für den Psoriatiker liegt auf der Hand:

- In vielen Gerichten werden die Gewürze nur sehr sparsam eingesetzt und durch frische Kräuter ergänzt.
- Die ballaststoffreiche Kost gewährleistet eine geregelte Verdauung, beeinflußt die Darmflora positiv (für den Psoriatiker besonders wichtig!) und kann Schadstoffe im Darm binden und damit unschädlich machen.
- Eine schonende Zubereitung der Speisen hält den Nährstoffverlust so gering wie möglich.
- Die Vitamine und Mineralstoffe bleiben weitgehend erhalten und sind so für den Körper verfügbar.

Ich habe mich entschlossen, Rezepte der deftigen Hausmannskost durch Rohkost- und Gemüsegerichte zu ergänzen. So ist sicherlich für jeden etwas dabei. Und vielleicht kommt so manch ein „Gemüsemuffel" doch auf den Geschmack.

Falls nicht anders vermerkt, sind die Gerichte für vier bis fünf Personen berechnet.

Spezielle Hinweise

- *Verdünnte Essigessenz:* 1 Teil Essigessenz mit 4 Teilen Wasser vermischen.
- *Sojasoße:* Hier ist die pikante Soße gemeint!
- *Brühe:* Sie sollten dann die Hühnerbrühe (Rezept S. 42) oder die Gemüsebrühe verwenden!
- *Psori:* Steht diese Bezeichnung vor Wurst- oder Schinkennamen, muß die Sorte von speziellen Metzgereien bezogen werden. Diese Wurstsorten werden extra für den Psoriatiker ohne verbotene Gewürze hergestellt!
- Die genannten *Gewürze* und *Kräuter* sind in gut sortierten Supermärkten oder Bioläden bzw. Reformhäusern erhältlich.
- Die *Back-* und *Kochzeiten* sind Richtwerte. Sie variieren von Herd zu Herd. Verlassen Sie sich hier auf Ihre Erfahrungen.

Abkürzungen

EL	=	Eßlöffel
TL	=	Teelöffel
g	=	Gramm
kg	=	Kilogramm

Auf einen Blick

verboten	erlaubt
Gewürze Pfeffer, Nelken, Muskat, Senf, Kümmel, Anis, Zimt, Paprikapulver, Fertiggewürze, Fertigsoßen, Suppenwürfel, Mayonnaise, Patés, Wurst, Weinessig	**Gewürze** Zwiebeln, Knoblauch, Meerrettich, alle Kräutergewürze, Safran, Obstessig, Tomaten, Paprikaschoten
Nüsse Haselnüsse, Walnüsse, Erdnüsse und deren Produkte (Öl- und Butter), Nuß-Backaroma	**Nüsse** Mandeln, Kokosnüsse, Cashewkerne, Paranüsse, Pistazien usw.
Zitrusfrüchte Schalen von Zitrone, Orange, Grapefruit, Lime, Bitter Lemon, Backaroma, Orangeat, Zitronat, Orangenmarmelade, Cointreaux, Grand Marnier	**Zitrusfrüchte** Fleisch dieser Früchte, handgepreßte Säfte, alles Obst inclusive Trauben und Traubensaft
Alkoholische Getränke Traubenweine, Südweine, Champagner, Sekt, Sherry, Malaga, Chianti, Cinzano, Wermut, Samos, Portwein, Nußlikör, Eierlikör, Weinbrand, Kognak	**Alkoholische Getränke** Apfelwein, Beerenweine, Bier, Whisky, Wodka, Slibowitz, Genever, Doornkaat, Doppelkorn, Himbeergeist, Kirschwasser, usw.

Und noch ein Tip:
Achten Sie bei allem auf die Zusammensetzung bei Fertigprodukten wie Tiefkühlkost und Kantinenessen!

Gewürzliste in Wort und Bild

Schwarzer Pfeffer
ist aus unreifen, fermentierten, getrockneten Pfefferkörnern. Die gleichen Körner frisch eingelegt, nennt man grüner Pfeffer.

Kümmel
ältestes Gewürz Europas, gilt als magenstärkend und verdauungsfördernd. Daher gut zu Kohl, allem Deftigen und Fetten, aber auch zu Brot und Käse.

Kardamom
ist reich an ätherischen Ölen. Es muß an Pfefferkuchen und Weihnachtsgebäck, kann aber auch an Fleisch und Fisch.

Vanille
ist von hoher Qualität, wenn sie einen weißen Überzug aus Vanillin-Kristallen hat. Paßt zu allem Süßen wie zu Geflügel und Pasteten.

Ingwer
ist ein exotischer Wurzelstock, scharf und mit starkem Eigengeschmack. Typisch für die fernöstliche Küche, doch auch bei uns zu fast allen Speisen kombinierbar.

Kapern
sind salzig oder sauer eingelegte Knospen des Kapern-Strauches.
Je kleiner, desto feiner.
Sie haben Königsberger Klopse berühmt gemacht, passen aber zu vielem.

Lorbeer
krönt nicht nur Sieger, sondern auch Beizen, Marinaden, Sud, Sauerkraut usw.
Gute Lorbeerblätter sollten stiellos, trocken und unverletzt sein. Vorsichtig dosieren.

Anis
als ganze Körner oder gemahlen, wird meist nur zur Weihnachtsbäckerei verwendet. Sparsam dosiert gibt er aber auch Fleisch- und Gemüsegerichten einen ungewöhnlichen Geschmack.

Basilikum
duftet stark, vor allem als frisches Kraut. Es paßt zu Suppen, Soßen, Salaten, Fleisch und Fisch, aber auch zu frischen Tomaten.

Stangenzimt
wird, im Gegensatz zu gemahlenem Zimt, aus der Rinde junger Triebe des Zimtbaumes geschält. Je dünner, desto feiner das Aroma. Stangenzimt paßt zu feinen Süßspeisen, aber auch zu Wildgerichten.

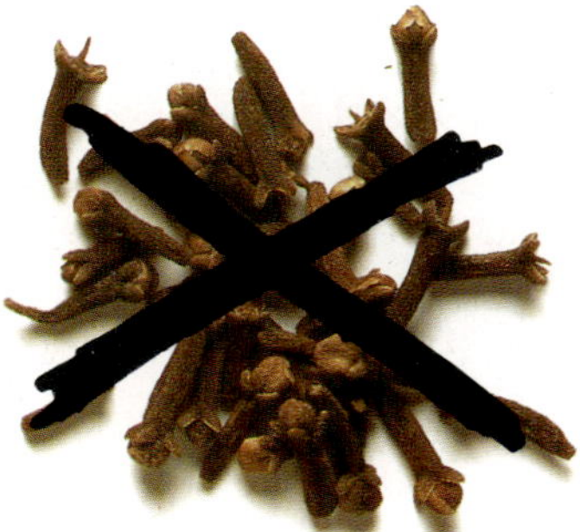

Nelken
sind Blütenknospen, würzig und scharf.
Sie gehören an Schweinefleisch, Rotkohl, Kompott usw.
Gute Nelkenqualitäten fühlen sich fettig an.

Dill
gibt es getrocknet als Dillspitzen (junge Triebe) oder Dillkraut (ganze Pflanze). Wichtig zu Fisch, Krebsen, Gurken und vielem anderen.

Wacholderbeeren
würzen alle Arten von Beizen, Marinaden, Sud, Suppen, Soßen und Sauerkraut. Wacholder kann den Teufel vertreiben!

Weißer Pfeffer
ist milder, weil reifer, zudem geschält und gebleicht. Er gehört zu hellen Gerichten. Pfeffer soll den Kreislauf anregen.

Chilischoten
oder Cayenne-Pfeffer gehören zum Schärfsten, was es gibt. Gehört zu feurigen Fleischgerichten, gelegentlich auch zu Eingemachtem.

Curry
ist meist aus Pfeffer, Ingwer, Piment, Paprika, Nelken, Koriander, Kardamom, Bockshornklee-Samen, Muskatblüte, Zimt, Cayenne und Curcuma gemischt. Es gehört zu exotischem Reis, zu Suppen und Soßen.

Rosmarin
mit den nadelförmigen Blättern paßt zu allem Fleisch und Fisch, zu Beizen, Tomatensoße usw. Vorsichtig dosieren. Es hat besondere Würzkraft.

Oregano
eine Majoran-Art, kommt aus der italienischen Küche: Pizzas, Tomaten, Käse, Fisch, Muscheln und vieles mehr.

Thymian
eines der „Fines herbes" der französischen Küche, soll eine stark antiseptische Wirkung haben. Sehr vielseitig verwendbar.

Piment
auch Allgewürz genannt, weil es nach Nelken, Zimt, Muskat und Pfeffer schmeckt, ist entsprechend vielseitig einsetzbar zu Süßem, Sauerem und Salzigem.

Muskatnüsse
sind Samenkerne des Muskatbaumes. Frisch gerieben oder fertig gemahlen, auf jeden Fall sollte man nur kleine Mengen verwenden, um Speisen mit wenig Eigengeschmack mehr Aroma zu geben.

Paprika
hat viel Vitamin C.
Es gibt 5 Schärfegrade:
Delikateßpaprika (sehr mild),
Edelsüßpaprika (mild),
Halbsüßpaprika (scharf),
Rosenpaprika (sehr scharf),
Scharfpaprika (beißend).
Faustregel: je roter, desto milder.

Safran
besteht aus den Narbenfäden einer Blüte. Es duftet stark und färbt intensiv gelb.
Außer zu Süßem paßt es zu Reisgerichten, Fischsuppen usw.

Majoran
übertönt zu leicht andere Gewürze und sollte darum fein dosiert werden. Er gehört zu deftigen Speisen.

Gemahlener Zimt
aus der getrockneten Innenrinde
älterer Cinnamon-Bäume, ist
rotbraun, kräftigwürzig
und leicht herb im Geschmack,
und zu süßen Gerichten und
zum Backen zu empfehlen.

Gewürze, Würzmittel und Fertiggerichte

Auf diesem Gebiet werden Sie wohl am meisten umstellen müssen.

Am besten ist es, wenn Sie die „verbotenen" Gewürze separat aufbewahren und die Gewürze, die sich nicht zum Nachwürzen für Sie eignen, verschenken oder vernichten. Somit sind Irrtümer ausgeschlossen!

Falls es Ihnen anfangs nicht so gelingt, ohne diese Gewürze das gewünschte Aroma in die Gerichte zu bringen, so ist dies reine Übungssache. Aber niemals mit einem bißchen verbotenen Gewürz nachhelfen, denn das „Bißchen" summiert sich!

Paprika und Pfeffer stelle ich zum Essen auf den Tisch, so daß sich die anderen die Gerichte evtl. selbst etwas nachwürzen können.

Doch meist ist es nicht nötig, da ohne die scharfen Gewürze das Aroma der Speisen viel mehr zur Geltung kommt.

Verboten	Erlaubt
Paprikapulver	frische entkernte Paprika, die man auch sehr gut mitbraten kann, im Winter: getrocknete frische Paprikastückchen (gibt es auch fertig zu kaufen) oder eingefrorene frische Paprika
Pfeffer	
Peperoni	
Tabasco	
Worchestersoße	
Kümmel	Ingwer
Nelken	Koriander
Anis	Safran
Zimt	Schabziegerklee
Muskatnuß, Muskatblüte	Fleischzartmacher (mit Einschränkung)
Curry	Curcuma
Spekulatiusgewürz	Knoblauchpulver
Knoblauch, flüssig	Knoblauchsalz, Knoblauchzehen, Knoblauch, gepreßt
Zwiebeln, flüssig, denn hier sind noch zusätzlich Gewürze enthalten	frische Zwiebeln, getrocknete Zwiebeln, Zwiebelpulver, Zwiebelsalz
Alles, was mit *-gewürz* endet z.B.: Kräuterbuttergewürz, Gulaschgewürz	alles was mit *-salz* endet wie z.B.: Rauchsalz, Kräutersalz, Selleriesalz
Maggi, Fondor	Maggiblätter (frische kann man gut einfrieren), Liebstöckel
Soßenwürfel	Lorbeerblätter
Brühwürfel	selbstgemachte Brühe
Senf, Senfkörner	Sojasoße, pikant oder süß
Mayonnaise, gekauft	Mayonnaise, selbstgemacht

Tomatenketchup in sämtl. Geschmacksrichtungen	Tomatenmark, Tomatenketchup, selbstgemachtes (siehe Rezept)
Kräuteressig Branntweinessig	Essig aus Essigessenz einige Obstessigsorten (genau auf das Etikett achten)
einige Sorten Obstessig, da manche mit Branntweinzusatz sind	
Wein, Sherry, Weinbrand, Kognak, Sekt, Champagner, Samos, Malaga, Portwein, Orangen- und Zitronenlikör	Wein kann man in einigen Speisen durch stark verdünnte Essigessenz ersetzen, Bier, Whisky, Gin, Obst- und Kornschnäpse, Rum, Apfelwein
Gewürzgurken	Salzgurken
Pfeffergurken, also stark gewürzte Gurken	Dillgurken, Kräutergurken
einfaches Pflanzenöl, da hier oft Erdnußöle enthalten sind	Sonnenblumenöl, Olivenöl, Maiskeimöl, Distelöl
Diätmargarine (ist sehr zweifelhaft)	Sojaöl
einfache Pflanzenmargarine	Sonnenblumenmargarine, Butter
Pflanzenfett (zum Frittieren), da dies mit Erdnußöl angereichert ist.	Kokosfett z.B.: Palmin
Früchtebrot (da es mit Orangeat und Zitronat zubereitet wird)	sämtl. andere Brotsorten
Lebkuchen, da er gewürzt ist, Nußbrot, Kümmelbrot	
gewürztes Gebäck z.B.: Spekulatius, Zimtsterne	Buttergebäck, marzipanhaltiges Gebäck, Mandelgebäck
Billiges Gebäck, da das Pflanzenfett darin mit Erdnußölen verlängert wird.	Butterspekulatius

Nußgebäck, schokoladenhaltige Produkte mit Pflanzenfett, Nüssen oder Nußnougat	Schokoladenhaltige Produkte aus Kakaobutter, Mandelnougat
Schalen von Zitrusfrüchten, da sie Öle enthalten, die Psoriatiker nicht vertragen, gekaufter Zitrussaft	Zitrusfruchtfleisch, handgepreßter Zitrussaft
Wurst, Pasteten	Psori-Wurst, gekochter Schinken, gekochtes Kasseler
vorgewürztes Fleisch	Fleisch
Schweinemett	Fisch
Würstchen aller Art	Obst
Fertiggerichte	Gemüse
Konserven in Pflanzenöl	Hülsenfrüchte, Konserven in Sojaöl oder Salzwasser
Eingemachtes in Branntwein	Eingemachtes in Kräuteressig
Nußjoghurt	Teigwaren
Zitronen- u. Orangenbuttermilch	Milchprodukte ohne Zitronenaroma, Joghurt, Quark
	sämtliche Kräuter (getrocknete, frische, eingefrorene) Basilikum, Rosmarin, Thymian, Majoran, Oregano, Kräuter der Provence, Salatkräuter, Kerbel, Dill, Petersilie, Schnittlauch, Beifuß, Kresse usw.

Müsli am besten selbst aus Rosinen, Haferflocken, Leinsamen, getrocknetem Obst usw. zusammenstellen, da in den meisten Fertigpackungen Nüsse enthalten sind, die Sie nicht vertragen.

Da Sie auf Fertiggerichte weitgehend verzichten müssen, empfehle ich Ihnen, auf Vorrat zu kochen und einzufrieren. So haben Sie bei Bedarf „ein schnelles Essen".

Muscheln, Fisch usw. werden einerseits in Pflanzenöl, aber andererseits auch in Salzwasser bzw. im eigenen Aufguß angeboten. Wählen Sie lieber die Produkte, die in Salzwasser bzw. im Aufguß konserviert wurden. Es wird einerseits Weinkraut im Glas (oder Dosen), andererseits auch frisches Sauerkraut angeboten. Kaufen Sie lieber das frische Sauerkraut!

Kontrollieren Sie grundsätzlich, welche Zutaten in den einzelnen Nahrungsmitteln enthalten sind. Die Zutaten müssen auf jeder Packung angegeben sein, wenn sie auch manchmal sehr versteckt und klein in einer Ecke stehen. Im Zweifelsfall legen Sie das Produkt weg und fragen bei Ihrem Arzt nach. Da diese Ernährungsweise keine der sonst üblichen Diäten ist (wie z.B. Diabetikerkost), findet man im Reformhaus genausoviel bzw. –wenig Produkte, wie in einem normalen Supermarkt. Auch die vegetarischen Sojafertigprodukte und „Wurst- und Fleischsorten" sind gewürzt. Sie dürfen Sie also nicht essen. Sojabohnen usw. noch nicht zubereitet, dürfen Sie natürlich zu sich nehmen.

Kräuter

Da man mit Kräutern nicht nur phantastisch würzen kann, sondern da sie auch sehr vitaminhaltig sind und früher (jetzt auch wieder vermehrt) wirksam als Heilmittel eingesetzt wurden, möchte ich hier auf die Würzmöglichkeiten in der Küche etwas genauer eingehen. Denn die Standardgewürze Pfeffer, Paprika, Curry und Muskat verdrängen die Kräuter aus der Küche.

Zu Beginn folgende Hinweise:

- Eher sparsam mit Kräutern beim Würzen umgehen, da sie erst nach kurzer Zeit ihr volles Aroma entfalten und dann den Geschmack eines Gerichtes völlig übertünchen können.
- Wenn man zum Grillen Rosmarin in die Glut gibt, schmeckt das Fleisch würziger.
- Gibt man Zitronenmelisse in Longdrinks, so erhalten diese eine erfrischende Note.
- Um garantiert immer frische Kräuter zur Hand zu haben, ziehe ich die wichtigsten selbst auf der Fensterbank. Den Samen können Sie im Fachhandel, in Bioläden und gut sortierten Supermärkten kaufen. Kräuter sind in der Regel pflegeleicht. Sie brauchen lediglich genügend Wasser und Licht.

Kräuter und ihre Anwendung

Pflanze	**Verwendung in der Küche**
Borretsch	frisch gehackt in Salaten, zu Eiergerichten und Gurken
Beinwell	frisch gehackt in Salaten, wie Spinat gekocht
Hopfen	leicht gedünstet und als Gemüse
Holunder	für Sorbets, Marmeladen, Aufgesetzten
Ringelblume	gibt Salaten, Suppen und Käsegerichten Duft und Farbe
Estragon	zu Huhn, Fisch, Eiergerichten, Kräuterbutter, Schweinefleisch und Soßen
Meerrettich	gerieben in kalten und warmen Soßen, zu gekochtem Fisch
Brunnenkresse	in heißen und kalten Suppen und Salaten
Basilikum	frisch in Salat, für Gemüse und italienische Soßen und Fleischgerichte
Ysop	für Ente und Gans und in Pasteten
Zitronenmelisse	frisch gehackt in Dressings, Suppen und Soßen erfrischenden Sommerdrinks und Fruchtgelees
Majoran	an Fleisch, Wild, Geflügel, Tomatensoßen, Kartoffelgerichte und vegetarische Bratlinge
Rosmarin	für Fleisch, Gans, Tomatengerichte und Suppen
Salbei	für Pasteten, Gemüse, Schweinefleisch
Minze	für Pasteten, Salate, Erbsen und Karotten; die Minzsoße ist eine englische Spezialität
Bohnenkraut	zu Eintöpfen und Wildgerichten
Thymian	für Fleisch, Suppen und Tomatensoßen
Lorbeer	in Sauerkraut, Rinderbraten, Eintöpfen, Eingemachtem und Beizen
Schnittlauch	frisch gehackt in Eiergerichten, über Kartoffeln und in Salaten
Knoblauch	sämtliche Fleischsorten, Soßen, Suppen und Gemüse

Wacholder	in Marinaden, Pasteten, zu Wild und Rindfleisch
Bibernelle (= Pimpernelle)	für Salate, Gemüse, Kartoffeln und Eigerichte
Kapuzinerkresse	Hier nur die Blätter verwenden! Sie geben Salaten einen pfefferähnlichen Geschmack.
Kerbel	für Fisch und deren Soßen, Kalbfleisch und Eigerichte
Dill	zu Fisch und Salat
Liebstöckel	in Eintöpfe und Soßen
Petersilie	frisch gehackt über Salate, Kartoffeln, Gemüse und Suppen
Sauerampfer	frisch gehackt für Soßen, Rohkostgerichte, Quarkgerichte und selbst als Salat angerichtet
Löwenzahn	als Salat anzurichten

Rezepte

Vorsuppen, Soßen und Dips

Bei der Zubereitung von Suppen dürfen Sie weder Brühwürfel noch Wein verwenden. Stattdessen können Sie mit selbstgemachter Brühe, verdünnter Essigessenz oder frisch gepreßtem Zitronensaft abschmekken.

Soßenpulver, Fertigsoßen, Ketchups, Mayonnaisen und Dips sollten zukünftig vom Einkaufszettel gestrichen werden.
Gerade Dips und Mayonnaisen sind jedoch ohne großen Aufwand schnell selbst zubereitet.

Mit Butter, Sahne, Mehlschwitze oder Ei lassen sich auch ohne Soßenpulver aromatische Suppen und Soßen herstellen.
Soßenbinder dürfen auch verwendet werden. Allerdings gibt es hier einmal die ungewürzten und zum anderen die „geschmacklich verfeinerten" Sorten. In letzteren sind verbotene Gewürze enthalten.
Um zu Kurzgebratenem aromatische Soßen servieren zu können, verwende ich häufig Zwiebeln und Knoblauch. Auch Kräuter, vor allem wenn sie frisch sind, können entscheidend zu einem guten Aroma beitragen.
Anstelle des häufig verwendeten Currys können Sie gerade bei Soßen auf Curcuma ausweichen. Es handelt sich hierbei um die farbgebende Komponente des Currys und schmeckt auch allein sehr pikant.
Spezielle Soßen finden Sie unter den entsprechenden Bratenrezepten.

Brühe

Zutaten:

1 kg Hühnerklein
bzw. ein großes Huhn
2 1/2 l Wasser
4 1/2 gestr. TL Salz
1 TL Sonnenblumenmargarine
2 1/2 TL Trockensuppengewürz
(es sind keine Gewürze enthalten, der Name irritiert)
1 Prise Kerbel
1 Prise Estragonblätter

Zubereitung:

Das gesäuberte Huhn bzw. Hühnerklein mit Salzwasser und Margarine aufsetzen (die Margarine verhindert das Überkochen). Alles aufkochen lassen, dann auf kleiner Stufe sieden lassen.
Den Schaum, der sich während des Kochens bildet, mit einem Schaumlöffel abseihen.
Nach etwa 1 1/2 Std. können Sie das Suppengewürz, Kerbel und Estragonblätter hinzufügen. Dann alles noch etwas ziehen lassen. Man friert die abgekühlte Brühe in kleinen Gefrierdosen (200 ml) ein. Dies ist die ideale Menge für Soßen u.a.

Besonderer Tip:

Noch besser schmeckt die Brühe, wenn Sie statt des Trockensuppengewürzes ein Stück Porree, eine Möhre, Sellerie und ein Stück Blumenkohl mitkochen lassen. Auch Knochenbrühe (Rindfleischbrühe) wird genauso hergestellt. Statt des Hühnerkleins nimmt man Knochenmark und Rindfleisch.
Eine **Gemüsebrühe** ist in der Vollwertküche die delikate Alternative für Brühen aus Knochen oder Geflügel:
Das frisch gewaschene und geputzte Gemüse fein zerkleinern, mit Wasser übergießen und nach dem Aufkochen etwa 30 Minuten zugedeckt garen. Als Gemüse eignen sich Lauch, Zwiebeln, Möhren, Fenchel, Sellerie, Stangensellerie, Petersilienwurzeln und Blumenkohl. Lorbeerblätter und Kräuter, sowie ein wenig Salz, runden den Geschmack ab. Je nachdem für welches Rezept die Brühe gebraucht wird, können Sie die Gemüsesorten darauf abstimmen. Ob Sie das Gemüse anschließend pürieren oder mit einem Sieb abseihen, bleibt Ihrem Geschmack überlassen. Wenn Sie die Brühe nur 20 Minuten kochen lassen und etwas gekochten Vollkornreis oder Graupen zugeben, haben Sie ein kalorienarmes Eintopfgericht.

Tomatensuppe

Zutaten:

Etwas Sonnenblumenmargarine
zum Braten
1 feingehackte große Zwiebel
1/2 Knoblauchzehe
1000 g Tomatenpüree
oder 2 gr. Dosen Tomaten
und 300 ml Milch
1 EL Mehl
300 ml Brühe
2-3 Spritzer Sojasoße pikant
Salz
1 Spritzer Essigessenz
(sehr sparsam handhaben!)
1 TL Zucker
1 Fingerspitze Rosmarin
1 Fingerspitze Majoran
1 Fingerspitze Thymian
evtl. feingehackte Petersilie
und etwas geschlagene Sahne
zum Garnieren

Zubereitung:

Die durchgepreßte Knoblauchzehe und die gehackte Zwiebel in Margarine andünsten, mit Mehl bestäuben, Tomatenpüree bzw. zerkleinerte Tomaten, den Saft und die Milch hinzugeben, ebenso die Brühe und die Kräuter. Alles zugedeckt etwa 15 Minuten leicht kochen lassen. Falls Sie Tomaten genommen haben, die Suppe durch ein Sieb streichen, bei Tomatenpüree ist dies nicht nötig; mit Zucker, Essig, Sojasoße und evtl. (falls die Tomaten sehr wäßrig sind) mit etwas Tomatenmark abschmecken.
Die Suppe in Teller oder Tassen geben und mit Sahne und Kräutern garniert servieren.

Besonderer Tip:

Ein besonders gutes Aroma bekommt die Suppe, wenn Sie anstelle der Tomaten aus der Dose frische vollreife Tomaten verwenden. Die Tomaten erst mit heißem Wasser überbrühen, schälen und anschließend kleingeschnitten zu den Zwiebeln geben. Bevorzugen Sie dünnere Suppen, verzichten Sie auf das Mehl und binden Sie lediglich mit etwas Tomatenmark und Sahne an.

Zwiebelsuppe

Zutaten:
5-6 große Zwiebeln
2-3 EL Sonnenblumenöl
oder 40 g fetten, feingewürfelten Speck
1-2 EL Mehl
800 ml Brühe
3 EL verdünnte Essigessenz
1 TL Zucker
Salz
Sojasoße

Zur Wahl:
Käse und Toastbrot
zum Überbacken

Zubereitung:
Zwiebeln schälen und in dünne Scheiben schneiden, im ausgelassenen Fett (Speck oder Öl) *langsam* dünsten, bis sie goldgelb sind. Die Herdplatte dabei nicht auf höchste Stufe schalten, da die Zwiebeln dann zu schnell schwarz werden. Mehl darüber stäuben und alles mit Brühe ablöschen. Essig, Zucker, Salz und 2-3 Spritzer Sojasoße hinzugeben und alles mindestens 20 Minuten auf kleiner Flamme kochen lassen.
Falls Sie mit Käse überbacken wollen:
Die Suppe in Tassen füllen, eine Scheibe getoastetes Weißbrot auf jede Tasse legen und alles mit Käse bestreuen.
Die Tassen 3-4 Minuten in den schon vorgeheizten Grill schieben.
Die Suppe ist als Vorsuppe, vor allem wenn Sie die Zwiebeln in Speck anbraten, zu mächtig und sollte als leichte Hauptspeise serviert werden.

Lauchsuppe

Zutaten:
5 Stangen Lauch
125 g rohen Psori-Schinken
2 gehackte Zwiebeln
40 g Sonnenblumenmargarine
1 EL Mehl
2 EL saure Sahne
1 l Brühe
2 EL Essigessenz, verdünnt
Petersilie
Salz

Zubereitung:
Zwiebeln einige Minuten im Fett dünsten, Schinken würfeln und 3 Minuten mitdünsten. Das ganze mit *etwas heißer* Brühe ablöschen. Lauch putzen, in feine Ringe schneiden, zugeben und weich dünsten. Restliche Brühe zugeben, alles salzen, mit Essig würzen und 15 Minuten ziehen lassen. Mehl mit etwas Wasser anrühren, die Sahne zum Schluß untermischen. Petersilie fein hacken und auf der Suppe verteilen.

Blumenkohlcremesuppe

Zutaten:

- ca. 300 g Blumenkohl
- 20-40 g Sonnenblumen-margarine
- 3 EL Mehl
- 1/2 l Brühe
- 1/4 l Gemüsewasser (vom vorgegarten Blumenkohl, sonst nur Brühe nehmen)
- 1/4 l Milch
- 1 Eigelb
- 1-2 EL Sahne oder Dosenmilch
- Salz
- einige Tropfen Zitronensaft

Wer gerne Krabben mag:

- 100 g Krabben und frischen feingehackten Dill zugeben

Zubereitung:

Blumenkohl putzen, in kleine Röschen zerteilen und kurz abwaschen oder einen gegarten Blumenkohlrest nehmen. Margarine im Topf erhitzen, Mehl darin anschwitzen, aber nicht anbräunen. Mit Brühe ablöschen, Gemüsewasser, Milch und Kohl hinzugeben, alles gut salzen und 10 Minuten kochen lassen.
Mit einer Mischung aus Eigelb und Sahne bzw. Kondensmilch legieren. Zum Schluß mit Zitronensaft und Salz abschmecken.

Buttersoße

Zutaten:
150 g Butter
2-3 EL Mehl
1 TL Kerbel
etwa 200 ml
Fleisch-(Knochen)-Brühe

Zubereitung:
Butter zerlassen, nicht richtig erhitzen, und unter ständigem Rühren so viel Mehl zugeben, wie die Butter aufnimmt.
Während des Weiterrührens feingehackten Kerbel und nach und nach die Brühe zugeben und alles gut kochen lassen.

Béchamel-Soße

Zutaten:
1 gehäufter EL Margarine
2 EL Mehl
1 knappe Tasse Wasser
1/4 l warme Milch
Salz
evtl. ein Stück Butter

Zubereitung:
Margarine schmelzen, Mehl darin verrühren. Langsam die Milch und anschließend das Wasser hinzugießen, alles zu einer Soße verrühren, aufkochen lassen und mit Salz abschmecken. Zur Verfeinerung kann man noch ein Stückchen Butter hinzugeben.

Besonderer Tip:
Kalorienärmer und vollwertiger kann die Soße auch ohne Fett und mit Vollkornmehl zubereitet werden. Frisch gemahlenes Vollkornmehl im Topf unter ständigem Rühren leicht anrösten, jedoch nicht bräunen. Milch oder Gemüsebrühe langsam dazugießen und dabei alles mit dem Schneebesen schlagen und die Soße unter ständigem Schlagen aufkochen lassen, wobei sich das Mehl nun langsam in der Flüssigkeit löst. Mit Kräutersalz abschmecken und wie die Béchamel-Soße verwenden.

Käsesoße

Zutaten und Zubereitung wie bei der Béchamel-Soße, jedoch 40 g Schmelzkäse und 1/8 l Wasser hinzugeben.
Diese Soße ist aromatischer als die Béchamel-Soße.

Diese Soßen passen gut zu Kohlrabi oder Blumenkohl.
Die Käsesoße ist auch gut zum Überbacken geeignet.

Warme Dillsoße

Zutaten:

- 40 g Sonnenblumenmargarine oder Butter
- 40 g Mehl
- 1/2 l Brühe
- 2 EL Zitronensaft (kein Aroma!)
- etwas Zucker
- 2-3 EL Sahne oder Dosenmilch
- Salz
- 3-4 EL frischer, feingehackter Dill oder
- 1 1/2 EL getrocknete Dillspitzen

Zubereitung:

Margarine oder Butter schmelzen lassen, Mehl darin hell anschwitzen, unter Rühren mit heißer Brühe ablöschen. Zitronensaft, Zucker und Salz hinzufügen. Die Soße kann nach Belieben mit Sahne oder Dosenmilch verbessert werden. Den Dill zum Schluß unterrühren (frischer Dill schmeckt wesentlich besser).

Diese Soße ist zu Kochfisch, Suppenfleisch und hartgekochten Eiern empfehlenswert.

Man kann die Soße auch als **Kräutersoße** abändern, indem man statt des Dills Petersilie, Kerbel, Zitronenmelisse, Liebstöckel und Salbei in jeweils kleinen Mengen hinzugibt.

Soße Bolognese

Zutaten:

- 500 g Gehacktes
- 3 mittelgroße Zwiebeln (gehackt)
- 30 g frischer Speck
- 1 Paprikaschote
- 300 g Tomatenpüree oder
- 1 kleine Dose Tomaten
- Tomatenmark
- Sojasoße
- 200 ml Brühe
- 1 Knoblauchzehe
- 1 knapper TL Salz
- 4 TL Mehl
- Basilikum
- Estragon
- Majoran

Zubereitung:

Den gewürfelten Speck in einem Topf auslassen, die Zwiebeln darin braun dünsten.

Die kleingeschnittene Paprikaschote und die gepreßte Knoblauchzehe hinzugeben, kurz schmoren lassen.

Dann das Gehackte hineingeben, immer gut rühren, bis es krümelig ist.

Nun folgen die zerkleinerten Tomaten, einschließlich Saft, bzw. das Tomatenpüree.

Alles mit Mehl bestäuben und mit Brühe ablöschen. Falls Ihnen nun die Soße zu dick ist, geben Sie noch etwas Wasser hinzu.

Alles mit den oben genannten Gewürzen abschmecken, eventuell mit etwas Tomatenmark anbinden.

Die Soße sollte vor dem Anbinden jedoch mindestens 10-20 Minuten köcheln, um so ihr Aroma zu entfalten.

Tomatensoße

Zutaten:

50 g frischer Speck
1 große Zwiebel, gehackt
1 TL Mehl
1 Dose (500 g) Tomaten
und 3 EL Tomatenmark oder
500 g Tomatenpüree
(Tomatenpüree ist
aromatischer!)
1 Lorbeerblatt
Basilikum
Rosmarin
Oregano
Thymian
Salz
200 ml Brühe
1/2 frische Paprikaschote
oder
2 EL getrocknete
Paprikastückchen
oder
1/2 Knoblauchzehe

Zubereitung:

Den kleingewürfelten Speck auslassen, und darin die gehackte Zwiebel andünsten und die kleingeschnittene Paprika mitbraten. Falls Sie Knoblauch mögen, die gepreßte Zehe jetzt hinzugeben. Das Mehl darüberstäuben und die zerkleinerten Tomaten mit dem Saft oder dem Tomatenpüree hinzugeben. Die Brühe, die Kräuter und das Lorbeerblatt hinzugeben (Tomatenmark auch, wenn sie Tomaten benutzt haben). Alles salzen und 10 Minuten kochen lassen.
Evtl. die Soße durchsieben und noch etwas anbinden. Mit Sojasoße abschmecken.
Schmeckt gut zu Nudeln und Reis.

Soße Jägerart

Zutaten:

- 70 g durchwachsener, geräucherter Speck
- 2 große Zwiebeln
- 1 kleine Dose Champignons
- Margarine
- 1/2 frische Paprika
- 200 ml Brühe
- 1/2 Glas Wasser
- 1 EL Tomatenmark
- Soßenbinder
- Sojasoße
- Selleriesalz
- Rauchsalz
- Kräutersalz

Zubereitung:

Den kleingewürfelten Speck in etwas Margarine auslassen.
Die Zwiebeln ebenfalls in kleine Würfel schneiden, hinzugeben und glasig dünsten.
Die Champignons abtropfen lassen (jedoch die Flüssigkeit aufheben) und zu den Zwiebeln geben. Nach einigen Minuten die kleingeschnittene Paprika hinzufügen und alles etwas schmoren lassen.
Etwas Mehl darüber stäuben und mittelbraun rösten. Mit Wasser, Brühe und Champignonflüssigkeit ablöschen, aufkochen lassen. Mit Tomatenmark und den angegebenen Gewürzen abschmecken. Bei Bedarf noch etwas anbinden.
Ich gebe immer noch etwas Knoblauch hinzu, doch das ist nicht jedermanns Geschmack.

Mein Tip:

Noch besser schmeckt die Soße mit frischen Champignons und frischem Kerbel oder Estragon. Anstatt der Champignonflüssigkeit nehmen Sie dann entsprechend mehr Brühe.

Zwiebelsoße

Zutaten:

- 3-4 große Zwiebeln
- 3-4 EL Sonnenblumenöl
- 1/2 l Brühe
- Salz
- Sojasoße, pikant
- einige Tropfen Essigessenz
- 2 gestrichene EL Mehl

Zubereitung:

Zwiebeln schälen, in dünne Scheiben schneiden und in Öl andünsten, bis sie mittelbraun sind. Dann das Mehl darüberstäuben und leicht anbräunen. Mit *heißer* Brühe alles ablöschen und gut durchrühren. Mit Salz, Essig und Sojasoße abschmecken. Dann die Soße noch 5-10 Minuten durchkochen lassen.
Sie schmeckt gut zu Kurzgebratenem, wo man eben keinen Bratensaft als Soßengrundlage benutzen kann.

Käsesoße für Nudeln

Zutaten:

60 g fetter Speck, kann
auch durch Margarine
ersetzt werden.
60 g geräucherter,
durchwachsener Speck
2 große, gehackte
Zwiebeln
1 Knoblauchzehe
3 gehäufte EL Mehl
3/4 l Milch (zimmerwarm)
eventuell durch etwas Sahne
ersetzt
Kräutersalz
2 TL verdünnten Essig
30 g Parmesan, gerieben
oder
40 g Mozarella oder
40 g Schmelzkäse

Zubereitung:

Den gewürfelten Speck auslassen, die Zwiebeln hinzufügen und goldbraun braten. Eine ganze Knoblauchzehe anbräunen, anschließend herausnehmen. So bekommt die Soße ein leichtes Knoblaucharoma, ohne daß man es herausschmeckt. Das ganze Mehl über die Zwiebeln stäuben, gut verrühren und alles kurz aufkochen. Den geriebenen oder zerkleinerten Käse unterheben.
Zum Schluß mit Essig und Salz würzen. Dazu reicht man am besten Spaghetti oder Makkaroni und frischen Salat.

Warmes Tomatenketchup

Zutaten:

30 g geräucherter,
durchwachsener Speck
1 große Zwiebel, gehackt
100 ml Brühe
2 Tomaten geschält
Tomatenmark
Schabziegerklee
Selleriesalz
Kräutersalz
(oder Knoblauch)
Soßenbinder
Sojasoße

Zubereitung:

Den geräucherten durchwachsenen Speck auslassen, evtl. noch etwas Sonnenblumenöl hinzugeben. Die gehackte Zwiebel darin glasig dünsten, gehackte Tomaten zugeben und breiig kochen. Mit Brühe auffüllen, würzen, mit Tomatenmark anbinden.
Falls nötig noch etwas Soßenbinder zugeben, so daß man eine ketchupartige Soße bekommt. Man kann sie auch kalt essen.

Kaltes Tomatenketchup

Dieses Ketchup schmeckt sehr gut zu Kurzgebratenem und hat den Vorteil, sehr lange haltbar zu sein und kann so wie Tomatenketchup aufbewahrt werden. Es ist gesünder, da es ohne Konservierungsstoffe zubereitet wird.

Zutaten:

1 kg reife Tomaten
100 g Zwiebeln
2 Paprikaschoten
220 ml verdünnte Essigessenz
30 g Salz
100 g Zucker
20 g Stärkemehl
Thymian

Zubereitung:

Tomaten zerkleinern und kurz aufkochen lassen, zehn Minuten ziehen lassen und dann durch ein Sieb streichen.
Paprikaschoten, Zwiebeln und den Thymian im Mixer pürieren.
Den Tomatenbrei, das pürierte Gemüse, Essig, Salz und Zucker im Kochtopf kurz aufkochen lassen. Zuletzt wird diese Masse mit etwas Stärkemehl angebunden.
Das fertige, noch heiße Ketchup in ganz saubere (möglichst sterilisierte) Flaschen füllen und verschließen.
Verschlossenes Ketchup hält sich bis zu 5 Monate.

Variation:

Sie können den Ketchup mit Knoblauch, Salbei, Rosmarin oder Oregano variieren.

Mayonnaise – Grundrezept

Zutaten:

- 1 Ei
- 1 TL Salz
- 2 gestrichene TL Zucker
- 5 TL verdünnte Essigessenz
- 200-250 g Sonnenblumenöl

Zubereitung:

Das Ei mit allen Gewürzen in einem *engen* Gefäß schaumig schlagen.
Essigessenz hinzufügen. Das Öl anfangs nur tropfenweise während des Schlagens hinzugeben, nachdem etwa die Hälfte des Öls vermixt ist, kann man es schneller hineinfließen lassen.
Die Mayonnaise kühl und gut abgedeckt aufbewahren.

Besonderer Tip:

Die fertige Mayonnaise kann durch Zugabe von Naturjoghurt und etwas Wasser kalorienärmer zubereitet werden.

Remoulade (Kräutermayonnaise)

Zutaten:

- 1/2 Grundrezept Mayonnaise
- 1 kleine Zwiebel
- 1 hartgekochtes Ei
- 1 Sardelle in Salzwasser eingelegt
- 1 EL Kapern (die sind in Essigessenz eingelegt)
- 2 EL gemischte, frische, feingehackte Kräuter z. B.: Petersilie, Dill, Schnittlauch, Estragon
- 1 EL Zitronensaft
- 2 EL Joghurt
- 1 Kräutergurke

Zubereitung:

Die Zwiebel, das Ei, die Sardelle, die Kapern und die Gurke sehr fein hacken.
Dann alle Zutaten miteinander verrühren und abschmecken.
Die Soße schmeckt gut als Dip, zu Fisch, als Grillsoße oder für Kartoffelsalat.

Aioli (kalte Knoblauchmayonnaise)

Zutaten:

1/2 Grundrezept Mayonnaise
2 Knoblauchzehen
2 mittelgroße Zwiebeln
Kräutersalz

Zubereitung:

Die Mayonnaise in eine Schüssel geben. Die Knoblauchzehen durch eine Knoblauchpresse drücken und anschließend salzen. Danach die Zwiebeln sehr fein hacken und einen Teil ebenfalls durch die Knoblauchpresse drücken, denn so wird der hängengebliebene Knoblauch herausgedrückt. Alles miteinander vermischen und mit Kräutersalz abschmecken.
Vor dem Servieren mindestens 1/2 Stunde durchziehen lassen.

Mein Tip:

Diese Aioli schmeckt auch mit Crème fraîche oder Sahne verfeinert hervorragend!

Kräuterbutter

Zutaten:

250 g weiche Butter
1 Knoblauchzehe
Salz, Kräutersalz
frische Kräuter
(oder wenn nicht vorhanden
getrocknete Kräuter)
wie z.B. Dill, Estragon, Beifuß,
Schnittlauch, Petersilie, Kerbel
1 Zwiebel

Zubereitung:

Die weiche Butter in ein Schüsselchen geben. Die durch die Knoblauchpresse gedrückte Knoblauchzehe hinzugeben. Anschließend ein Stückchen Zwiebel durch die Knoblauchpresse drücken. Den Rest der Zwiebel sehr klein hacken, ebenso die Kräuter. Alles etwas salzen. Seien Sie aber hier sehr vorsichtig! Salzen Sie lieber zweimal nach als einmal zuviel.
Alles gut mit der Gabel vermischen und in einem hübschen Töpfchen anrichten.
Es ist empfehlenswert, die Butter vor dem Servieren ca. 1/2 Stunde im Kühlschrank durchkühlen zu lassen.

Kalte Dillsoße

Zutaten:

1 Becher Crème fraîche
1 Becher Naturjoghurt (150 g)
1 Zwiebel
5 EL kleingehackter, frischer Dill oder
2 EL getrockneter Dill
evtl. etwas Knoblauchpulver
Kräutersalz
Selleriesalz

Zubereitung:

Crème fraîche und Joghurt miteinander verrühren, die Zwiebel sehr fein hacken und mit dem Dill unter die Joghurtmasse rühren. Knoblauch und Salz nach Geschmack zugeben.
Schmeckt gut als Dip zu Gegrilltem, zu Fondue oder zu Fisch.

Tsatsiki (Griechischer Knoblauch-Gurken-Quark)

Zutaten:

1/2 Salatgurke
Salz
1-2 Knoblauchzehen
1 Zwiebel
150 g Naturjoghurt (mild)
1-2 EL Sonnenblumen- oder Olivenöl
200 g Sahnequark, Frischkäse oder
100 g Magerquark und
100 g Mayonnaise
einige Tropfen Essigessenz

Zubereitung:

Die Gurke schälen und auf einer Reibe fein raspeln. Die Gurkenraspeln mit Salz bestreuen und 20 Minuten ziehen lassen.
Die Knoblauchzehe(n) schälen und durch die Knoblauchpresse drücken, anschließend ein Stück Zwiebel nachdrücken, um so die Reste des Knoblauchs herauszubekommen. Den Rest der Zwiebeln sehr fein hacken. Werden sie musig, bekommen sie einen bitteren Beigeschmack. Den Quark mit Joghurt, Öl, Zwiebel, Knoblauchzehe und den Gurkenraspeln verrühren (den Gurkensaft jedoch vorher abgießen). Das Ganze mit Essig abschmecken und vielleicht noch etwas nachsalzen. Dazu frisches Brot oder Vollkornbrot reichen.

Nach den heutigen Erkenntnissen scheinen die essentiellen Fettsäuren der Fischöle (Omega-3-Fettsäuren) eine Abheilung der Psoriasis zu begünstigen. Diese wirksamen Fettsäuren sind vor allem in Seefischen (Thunfisch, Makrele, Seelachs, Hering) enthalten. Daher sollte Fisch ein fester Bestandteil Ihres Speisezettels werden. Regelmäßiger Fischkonsum, vor allem *anstelle* von Fleisch, beugt auch Herz-Kreislauf-Erkrankungen vor.

Vor allem bei Muscheln muß ich zugeben, kaum ein gutes Rezept gefunden zu haben. Denn der Pfiff entsteht meistens durch die hinzugefügten Weine. So kann ich Ihnen nur ein Rezept anbieten. Aber vielleicht wird es Ihnen besser gelingen, ein wohlschmeckendes Muschelgericht zu zaubern.

Frischen und geräucherten Fisch dürfen Sie essen. Fischkonserven nur, wenn die Fische ausschließlich in Sojaöl oder Salzwasser konserviert wurden.

Fischstäbchen, Fischfrikadellen und Fisch in Soßen sind gewürzt.

Eingelegte Heringe, Rollmöpse sind meistens in Weinbrandessig und mit Senf- und Pfefferkörnern eingelegt. Ich empfehle hier, wenig gewürzte Heringe zu nehmen, diese kurz abzuwaschen oder selbst einzulegen.

Schalen- und Krustentiere können Sie unbedenklich essen. Im konservierten Zustand werden sie meist in Salzwasser angeboten.

Fischgerichte in anderen Kochbüchern werden meist mit Pfefferkörnern zubereitet. Lassen Sie diese einfach weg. Geschmacklich ändert sich da nicht viel. Sonst können Sie viele Gericht übernehmen.

Eingelegte Heringe

Zutaten:

- 5 Heringe
- 1/4 l verdünnte Essigessenz
- 1 l Wasser
- 2 EL Zucker
- 2 Lorbeerblätter
- 5 Zwiebeln

Zubereitung:

Essig, Wasser, Zucker und Lorbeerblätter in einen Porzellan-, Keramik- oder Steinguttopf geben, miteinander verrühren und dann die Heringe hinzugeben. Obenauf die in Ringe geschnittenen Zwiebeln geben.
Abgedeckt an einem kühlen Ort mindestens 4 Tage ziehen lassen.

Grüne Heringe mit Kräutersahne

Zutaten:

- 8 grüne Heringe
- 1 Zwiebel
- 2 Lorbeerblätter
- 3 EL Zitronensaft
- 4 EL verdünnte Essigessenz und
- 1 l Wasser
- Salz
- 1 Bund Dill
- 2 Bund Schnittlauch
- 1 1/2 EL Basilikum
- 60 g Butter
- 30 g Mehl
- 1 Eigelb
- 300 ml Knochenbrühe
- 1/8 l saure Sahne
- 1/2 l heißes Essigwasser

Zubereitung:

Heringe putzen, waschen und abtrocknen. Mit etwas Zitronensaft abreiben und salzen. Die Fische mit dem heißen Essigwasser übergießen und darin ca. 10 Min. ziehen lassen.
Nun die Zwiebel, den Essig, die Lorbeerblätter, den Rest Zitronensaft und etwas Salz in 1 l Wasser geben und alles mit den gesäuerten Heringen zum Kochen bringen. 15 Minuten ziehen lassen. Die Kräuter feinhacken und in Butter andünsten. Etwas Schnittlauch zum Garnieren aufbewahren. Mit Mehl bestäuben, gut verrühren und langsam unter Rühren die Brühe hinzugeben. 10 Minuten ziehen lassen, mit Salz und Zitronensaft abschmecken. Die Soße mit Eigelb und Sahne legieren, mit Schnittlauch dekorieren und zum Hering servieren. Dazu Salzkartoffeln und Salat.

Heringsstipp

Zutaten:

1 Grundrezept Mayonnaise
2 kleine, sehr fein gehackte Zwiebeln
1 mittelgroßer, geraspelter säuerlicher Apfel
1 große, in kleine Würfel geschnittene Kräutergurke
4-5 selbsteingelegte oder abgewaschene Bismarckheringe
evtl. etwas süße Sahne zum Verlängern

Zubereitung:

Die Heringe säubern und so weit wie möglich von ihren Gräten befreien und in Stücke schneiden. Mit Mayonnaise, dem Apfel, der Gurke, der Zwiebel und evtl. etwas Essigessenz und Sahne vermischen und alles mindestens 1-2 Stunden ziehen lassen.
Dazu Pell- oder Salzkartoffeln reichen.
Aber auch auf Brötchen als Abendbrot sehr schmackhaft.

Forelle Müllerin

Zutaten:

4 mittelgroße Forellen
Salz
3 EL Zitronensaft
100 g Kräuterbutter (siehe Rezept S. 53)
1 Bund Petersilie
1/2 TL Thymian
1 Bund Dill
gesalzene Butter zum Braten

Zubereitung:

Die Forellen putzen und unter fließendem Wasser waschen.
Salzen und mit Zitronensaft einreiben.
Die Kräuter feinhacken und in die Fische füllen. Die Fische nun in leicht gesalzener Butter ca. 5 Min. von jeder Seite backen.
Der Fisch schmeckt am besten mit Kräuterbutter.
Dazu Salzkartoffeln mit Buttersoße und frischer Salat.

Gekochter Heilbutt in Dillsoße

Zutaten:
4 Scheiben Heilbuttfilet
30 g Butter
1 EL Mehl
1 Lorbeerblatt
Salz
Zitronensaft einer Zitrone
3-4 EL gehackten, frischen Dill
1/8 l süße Sahne
evtl. 1/2 TL Zucker

Zubereitung:
Die Filets gut mit Zitronensaft einreiben und in der zerlassenen Butter zusammen mit dem Lorbeerblatt dünsten (Garzeit 10-15 Min.) Filets vorsichtig herausnehmen und warmhalten. In das Fett das Mehl geben und eine helle Mehlschwitze herstellen, mit etwas Wasser ablöschen. Sahne und Dill unterrühren, mit Salz und Zitronensaft würzen. Evtl. (je nach Geschmack) noch den Zucker hinzugeben. Alles kurz aufkochen.
Den Fisch auf den Tellern mit Soße übergießen und mit Pellkartoffeln und Salat servieren.

Gekochter Zander

Zutaten:
2 Zander
2 Möhren
2 mittelgroße Zwiebeln
1/2 Sellerieknolle
2 Petersilienwurzeln
Salz

Zubereitung:
Die Zander schuppen, putzen, waschen und abtrocknen.
Gemüse putzen und in Salzwasser kochen. Den Fisch nach etwa 20-30 Minuten zugeben und im verschlossenen Topf gar dünsten.
Fisch herausnehmen und mit Salzkartoffeln und Buttersoße oder Sauce Hollandaise servieren.

Hummer

Zutaten:

- 500 g Hummer
- Salz
- 1 Bund Dill
- 1 Bund Petersilie
- 1 Stange Lauch

Zubereitung:

Den in Ringe geschnittenen Lauch mit den restlichen Kräutern in ca. 2 l Wasser 20 Minuten kochen lassen.
Die Scheren der lebenden Hummer zusammenbinden, mit dem Kopf vornüber in die Brühe stecken. 2 Minuten kochen, dann 12 Minuten garziehen lassen.
Die Hummer nun herausnehmen, die Beine und Scheren abtrennen und das Fleisch mit einem Gulaschspieß herausholen.
Den Hummer auf den Rücken legen und mit einem Messer auf beiden Seiten der Länge nach aufschneiden.
Die Schalen abheben und das Fleisch herausnehmen. Das Schwanzfleisch in Stücke schneiden. Die Innereien kann man nicht essen.
Dazu Remouladensoße und Baguette.
Man kann die Hummer natürlich auch überbacken oder grillen.

Schnecken

Zutaten (pro Person):

- 12 tiefgekühlte oder konservierte Schnecken
- 12 Schneckenhäuschen (gibt es leer zu kaufen)
- 50 g Kräuterbutter (s. Rezept S. 53)
- 1 Schneckenpfännchen

Zubereitung:

Die Schnecken in die Häuschen stecken und die Öffnung mit viel Kräuterbutter zuschmieren. Die Schnecken mit der Öffnung nach oben in die Schneckenpfannen setzen und 8-10 Minuten im vorgeheizten Backofen bei 200°C heiß werden lassen.
Mit Weiß- bzw. Toastbrot servieren.
Man kann auch die Schnecken nur in die Schneckenpfännchen geben und die Kuhlen mit Kräuterbutter ausfüllen.

Variante:

Schnecken im Schinkenhemd
Jede Schnecke mit einer halben Scheibe rohen Schinken umwickeln, mit einem Zahnstocher oder auf einem Spieß feststecken und in der Pfanne knusprig braten.

An Wurst dürfen Sie

- gekochten Schinkenspeck
- gekochten Schinken
- gekochten Kasseler (keinen gebratenen) essen.

Einige Metzgereien stellen speziell nach den Vorschriften von Dr. *Schäfer* Wurstsorten für Psoriatiker her.

Man kann auch verschiedene Braten sehr gut kalt als Brotbelag aufschneiden (Braten, die sich dazu eignen, habe ich in den folgenden Rezepten vermerkt).

An Fleisch und Geflügel haben Sie sehr viel Auswahl. Außer fertiggewürztem Fleisch (z. B.: Zigeunergulasch, Burgunderbraten), Fleisch mit Gewürzkrusten und Schweinemett, können Sie alles essen. Schweinemett kann man beim Metzger problemlos auch ungewürzt bestellen.

Würstchen aller Art sind gewürzt und somit verboten!

Fragen Sie Ihren Metzger, was in seinem frischen und geräucherten Speck enthalten ist. Manche spritzen dort Gewürze ein.

Immer wieder werden die Psoriatiker mit dem Hinweis verunsichert, daß Fleisch die Haut und Gelenke reizt und damit nicht gegessen werden soll. Doch es ist nicht das Fleisch, sondern es sind die typischen Fleischgewürze, die provozierend wirken.

Schweinesülze

Zutaten:

- 2 kg Hintereisbein
- 2 l Wasser
- 1 1/2 Tassen verdünnte Essigessenz
- 2 Lorbeerblätter
- 2 EL Zucker
- 2 Zwiebeln
- 10 Wacholderbeeren
- 4 Blatt geriebene Gelatine

Zubereitung:

Das Eisbein in Wasser mit Salz, Essig, Lorbeerblatt, Zucker, geviertelten Zwiebeln und Wacholderbeeren aufsetzen und garkochen lassen (etwa 2 Stunden). Nun das Eisbein in kleine Stücke zerteilen und in eine Schüssel geben. Den Sud durchsieben und mit Gelatine anrühren. Dazu die Gelatine in etwas kaltem Wasser anrühren, quellen lassen und dann zu dem heißen Sud geben. Anschließend diese Brühe zu dem Fleisch geben. Man kann auch immer nur etwas Fleisch in die Schüssel geben und dann dies mit einem Teil Flüssigkeit gelieren lassen und dann Schicht für Schicht erweitern. So bekommt man überall den gleichen Anteil von Fleisch und Gelee.

Besonderer Tip:

Ich nehme statt der Schüssel mehrere kleine Döschen. Die Sülze läßt sich nämlich prima einfrieren, und so habe ich dann immer nur kleine Portionen.

Rindfleischpfanne

Zutaten:

- 800 g Rindfleisch
- 2 EL Zitronensaft
- 3 EL Sojasoße
- 1 TL Ingwerpulver
- 2 Zwiebeln
- 5 EL Sonnenblumenöl
- 1 EL Butter
- 6 EL Sesam
- 1 EL Stärke
- etwas Honig zum Abschmecken

Zubereitung:

Das Rindfleisch in Streifen schneiden und in der Sojasoße und dem Zitronensaft 10 Minuten ziehen lassen. Dann mit Ingwerpulver bestreuen. Die Zwiebeln hacken, in Öl andünsten, dann das Fleisch (ohne Marinade) zugeben und von allen Seiten anbräunen. Erst dann die Marinade zugeben und alles 10 Minuten bei schwacher Hitze brutzeln lassen.
In der Zwischenzeit den Sesam in der Butter kurz anrösten und zu dem Fleisch geben. Zum Schluß alles mit Honig abschmecken und am besten mit Reis servieren.

Schweinegulasch

Zutaten:

- 750 g Schweinefleisch (Schulter, Nacken oder Schlegel)
- 50 g fetter oder geräucherter Speck
- 750 g feingehackte Zwiebeln
- 3 enthäutete Tomaten
- 1/2 kleingeschnittene Paprika
- 200 ml Brühe
- 1/2 l Wasser
- 1 gehäufter TL Kräutersalz
- 1 gehäufter TL Selleriesalz
- 1 Prise Curcuma
- 1 Prise Basilikum
- 1 Prise Kerbel
- 1 Prise Salbei
- 1 Prise Rauchsalz

Zubereitung:

Zwiebeln und fetten Speck in kleine Würfel schneiden.
Während Sie den Speck auslassen, das in Würfel geschnittene Schweinefleisch mit den Zwiebeln, Paprika und allen Gewürzen in einer Schüssel gut vermischen und anschließend zum ausgelassenen Speck geben; scharf anbraten.
Nachdem sich die Zwiebeln leicht bräunlich färben, Brühe, Tomaten und Wasser hinzufügen, und alles bei geschlossenem Topf garziehen lassen. Die Kochzeit beträgt etwa eine Stunde.
Zum Schluß den Gulasch anbinden und evtl. noch etwas abschmecken, z.B. mit Tomatenmark oder den angegebenen Kräutern.

Variante:

Sie können auch einen Teil des Gulaschfleisches durch Kasseler ersetzen. Dadurch erhält der Gulasch noch eine besondere Würze. Die anderen Zutaten bleiben gleich, evtl. etwas weniger salzen.

Kasseler

Kasseler ist gekochtes und geräuchertes Fleisch ohne Zusätze, denn diese sind seit 1977 gesetzlich verboten worden.

Da Kasseler im allgemeinen nur in Zwiebeln oder in Sauerkraut gegart wird, können Sie es nicht nur zu Hause problemlos zubereiten, sondern auch auswärts essen.

Zubereitung:

Falls der Kasseler zu salzig ist, ein bis zwei Stunden wässern.
Dann ca. 1-1 1/2 Stunden in Zwiebeln braten oder in Sauerkraut kochen.

Krustenbraten

Zutaten:

- ca. 1 kg Krustenbraten
- (Schweineschulter mit Schwarte)
- 3 große Zwiebeln
- 2 Tomaten
- 1/2 Paprika
- Salbei
- Estragon
- Selleriesalz
- Kräutersalz
- Fett zum Aufsetzen
- Salz
- Knoblauch
- herzhafte Sojasoße
- Rauchsalz

Zubereitung:

Das Fleisch waschen und trockenreiben. Mit Knoblauch, Salz, Salbei, Estragon, Sellerie-und Kräutersalz einreiben.

Zwiebeln und Tomaten achteln, Paprika in Streifen schneiden und mit etwas Fett sowie dem Fleisch in einen Schmortopf (Kasserolle) geben. Alles bei 250°C im vorgeheizten Backofen ca. 2 Stunden schmoren lassen. Während der ersten Hälfte des Schmorens den Topf geschlossen halten, danach den Deckel entfernen. Der Braten muß ungefähr jede halbe Stunde mit etwas Wasser begossen werden.

Soße:

Nachdem der Braten gar ist, nimmt man ihn aus dem Topf und bestreut ihn mit ein wenig Rauchsalz. Die Soße schmeckt man mit Sojasoße und Kräutersalz ab und bindet sie etwas an. Reste des Fleisches können als Zwiebelfleisch oder kalt als Aufschnitt serviert werden.

Mein Tip:

Auf die gleiche Weise können Sie auch Rollbraten zubereiten.

Geschmortes Eisbein

Zutaten:

- 1 großes Eisbein
- 3 geschälte Tomaten
- 3 mittelgroße Zwiebeln
- 1 Paprikaschote
- Selleriesalz
- Rauchsalz
- Kräutersalz
- etwas Rosmarin
- etwas Beifuß
- Sonnenblumenmargarine

Zubereitung:

Das Eisbein gitterförmig einkerben. Dann mit den genannten Gewürzen einreiben, in die Kasserolle legen. Darum die geviertelten Tomaten und Zwiebeln und die in Streifen geschnittene Paprikaschote anordnen. Fettflöckchen dazusetzen und im geschlossenen Topf bei starker Hitze ca. 2 Stunden schmoren lassen. Während des Schmorens ca. jede halbe Stunde mit Wasser begießen.
Die Soße mit Salz und etwas Knoblauch abschmecken und anbinden.
Dazu schmeckt besonders gut geschmortes Sauerkraut und Kartoffelpüree.

Variante:

Sie können auch das Eisbein nur etwas salzen und dann im Sauerkraut garkochen.

Panierte Koteletts

Zutaten:

- 4 Schweinekoteletts
- etwas Knoblauchpulver
- etwas Rosmarinpulver
- 1/4 TL Oregano
- Salz
- 1-2 Eier
- Paniermehl
- Fett zum Braten

Zubereitung:

Die Gewürze kräftig in das Fleisch einreiben und eine halbe Stunde durchziehen lassen. Die Eier in einem tiefen Teller verquirlen, die Koteletts von beiden Seiten durchziehen und anschließend im Paniermehl wälzen. Die Koteletts im heißen Fett erst stark, dann auf kleiner Flamme von beiden Seiten braten. Bratzeit etwa 10 Minuten.

Variante:

Sie können die Koteletts auch einsalzen und mit frischem Zitronensaft beträufeln. Diesen etwas einwirken lassen. Nun das Kotelett wie gewohnt panieren und braten.

Leberragout auf Sellerie

Zutaten:

1 Sellerieknolle
1 EL Butter
Salz
425 g Kalbs- oder Schweineleber
1 kleine Zwiebel
50 g Schinkenspeck
1/8 l saure Sahne
1 EL Tomatenmark
1 TL Mehl

Zubereitung:

Die geschälte Sellerieknolle in fingerdicke Scheiben schneiden.
Diese in heißer Butter zugedeckt 10 Minuten anbraten, sie leicht salzen und dann von beiden Seiten mit offenem Deckel nochmal etwa 15 Minuten schmoren lassen.
Den Sellerie warm halten, etwas Fett zusätzlich in die Pfanne geben und den Schinkenspeck darin glasig werden lassen. Gehackte Zwiebeln und die in Würfel geschnittene Leber hintereinander hinzufügen und alles auf hoher Flamme braten lassen.
Die saure Sahne mit Mehl und Tomatenmark verrühren und in die Pfanne geben.
Alles gut vermischen und aufkochen lassen. Das Leberragout auf den Selleriescheiben anrichten.
Dazu Brot oder Bauernbrot reichen.

Zur Beachtung:

Leber sowie andere Innereien sollten aufgrund ihres hohen Schadstoffgehaltes höchstens einmal in vierzehn Tagen auf den Tisch kommen. Für Psoriatiker mit erhöhten Harnsäurewerten ist das obige Rezept nicht geeignet.

Zwiebelfleisch

Zutaten:

150-200 g Bratenreste, evtl, ein
1/2 Psori-Mettwürstchen oder
30 g durchwachsener,
geräucherter Speck
2 mittelgroße Zwiebeln
etwas Sonnenblumenöl
1 Knoblauchzehe
2 Spritzer Sojasoße pikant
Salz
Rauchsalz

Zubereitung:

Die Bratenreste und den Speck würfeln und die Zwiebeln in dünne Ringe schneiden, das Mettwürstchen in Scheiben schneiden.
Den Speck in etwas Sonnenblumenöl auslassen, Zwiebeln darin glasig dünsten, bis sie weich sind. Nun die Knoblauchzehe hinzugeben. Schließlich das Fleisch kurz mitbraten. Mit Salz, Sojasoße und Rauchsalz abschmekken.
Zwiebelfleisch schmeckt sehr gut auf Brot.
Ich stelle immer Pfeffer auf den Tisch, da sich hier der Rest der Familie evtl. nachwürzen kann.

Variante:

Mögen Sie gerne Knoblauch, so können Sie die Knoblauchzehe gepreßt zugeben.
Bevorzugen Sie ein ganz mildes Knoblaucharoma, so geben Sie die Knoblauchzehe ganz hinzu und braten sie mit, um sie dann vor dem Servieren wieder zu entfernen.

Kohlrouladen

Zutaten:

400 g Gehacktes
1 große, feingehackte Zwiebel
1 kleingewürfelte Paprika
etwas Knoblauchpulver
1/4 TL Kräutersalz
1/4 TL Rauchsalz
1/4 TL Selleriesalz
2 Spritzer Sojasoße
1 altbackenes Brötchen
1-2 Eier
Diese Zutaten wie Frikadellen verarbeiten (siehe Rezept S. 69) und längliche Rollen daraus formen.
60 g Speck
2 große, gehackte Zwiebeln
200 ml Brühe
Sojasoße
Kräutersalz
Selleriesalz
1 mittelgroßen Wirsing

Zubereitung:

Den Wirsing säubern und putzen, kurz in heißem Wasser baden, so daß die Blätter weicher werden. Die Hackfleischröllchen mit den größeren Wirsingblättern einrollen und mit Band umwickeln. 30 g kleingewürfelten Speck auslassen und die Rouladen darin von allen Seiten gut anschmoren.
Nun den restlichen Wirsing in kleine Stücke schneiden, den restlichen Speck auslassen, darin erst die Zwiebeln andünsten, schließlich den Wirsing mitschmoren. Nach 10-15 Minuten mit Brühe aufgießen und mit Sojasoße sowie Sellerie- und Kräutersalz abschmecken. Diese Soße zu den angeschmorten Rouladen geben und alles zugedeckt 45-60 Minuten schmoren lassen.
Soße evtl. vor dem Servieren etwas anbinden. Doch das ist nicht unbedingt nötig.
Dazu Salzkartoffeln oder Kartoffelpüree servieren.

Hackbraten aus Schweinemett

Zutaten:

1/2 kg *ungewürztes* Schweinemett (kann man bei jedem Metzger vorbestellen)
1 Ei
1 trockenes Brötchen, in Wasser einweichen
2 gestrichene TL Salz
1/2 TL Beifuß
1 TL Kräutersalz
2 Messerspitzen Basilikum
1 feingehackte, große Zwiebel
Fett zum Braten, am besten Sonnenblumenmargarine
für die Soße
1 große Zwiebel zusätzlich

Zubereitung:

Das Schweinemett mit dem Ei und dem eingeweichten, wieder ausgepreßten Brötchen sowie der feingehackten Zwiebel und allen angegebenen Gewürzen vermengen und zu einem länglichen Gebilde formen.
Fett, eine geviertelte Zwiebel und den Hackbraten in eine Kasserolle geben und bei mittlerer Hitze im geschlossenen Topf ca. eine 3/4 Stunde backen lassen.
Die Soße etwas nachsalzen und anbinden, evtl. mit Tomatenmark und Sojasoße abschmekken.

Frikadellen

Zutaten (für ca. 8 Stück):

400 g Gehacktes
1 große, feingehackte Zwiebel
1/2 TL Majoran
1 kleingewürfelte Paprika
etwas Knoblauchpulver
1/4 TL Kräutersalz
1/4 TL Rauchsalz
1/4 Selleriesalz
2 Spritzer Sojasoße
1 altbackenes Brötchen
1-2 Eier

Zubereitung:

Das Brötchen in Wasser einweichen, dann ausgedrückt zum Gehackten geben.
Alle aufgeführten Zutaten zu einem Fleischteig rühren, abschmecken und daraus acht, etwa gleichgroße Frikadellen formen.
Diese in heißem Fett oder auf dem Grill von beiden Seiten goldbraun braten. Mit Tomatenketchup (s. Rezept S. 51) oder Zwiebelringen servieren.

Hackfleischbällchen mit Tomatensoße

Zutaten:

600 g *ungewürztes* Mett
(sonst Gehacktes)
1 gehackte Zwiebel
1 gepreßte Knoblauchzehe
Selleriesalz, Rauchsalz,
Kräutersalz,
Schabziegerklee
etwas fetter Speck
30 g durchwachsener,
geräucherter Speck
2 gehackte Zwiebeln
500 ml Tomatenpüree
oder
1 kleine Dose geschälte Tomaten
200 ml Brühe
200 ml Wasser

Zubereitung:

Das Mett mit einer gehackten Zwiebel, Sellerie-, Rauchsalz, Knoblauch, Schabziegerklee und Kräutersalz vermengen und ca. 25 kleine Bällchen daraus formen (etwa walnußgroß).
Den Speck in einer Pfanne auslassen, die Bällchen darin kroß braten, anschließend herausnehmen und im Backofen warm halten.
In dem Fett von den Hackfleischbällchen zwei gehackte Zwiebeln glasig dünsten, Tomatenpüree (bzw. die zerkleinerten Tomaten), Brühe und Wasser hinzufügen, alles aufkochen lassen und mit Soßenbinder anbinden. Evtl. mit Tomatenmark und Salz abschmecken.
Dazu schmecken am besten Pommes frites oder Nudeln. Auch Reis ist empfehlenswert, doch Salzkartoffeln nicht.

Rehkeule

Zutaten:

- 1 Rehkeule
- mehrere Speckstreifen
- Buttermilch
- 40 g Speck
- 1 Stück Sellerie
- 1-2 Lorbeerblätter
- einige Wacholderbeeren
- Salz
- 1/16-1/8 l verdünnte Essigessenz
- 2 große Zwiebeln
- 1 Möhre
- 100 g frische Champignons
- oder
- 100 g Preiselbeeren
- 1/4 l saure Sahne
- Soßenbinder
- 400 ml Brühe
- Thymian
- Rosmarin

Zubereitung:

Die Rehkeule häuten und trockentupfen.
2-3 Tage in Buttermilch einlegen.
Dann gut einsalzen und mit wenig Rosmarin und etwas Thymian einreiben. Danach 40 g gewürfelten Speck auslassen und die mit Speck gespickte Rehkeule darin anbraten.
Zwiebeln geviertelt, die Möhre, den Sellerie, die Lorbeerblätter, Wacholderbeeren, Preiselbeeren und Champignons, Essig und Brühe hinzugeben.
Die Rehkeule ca. 1 Stunde schmoren lassen, zwischenzeitlich mal mit Bratenfond, mal mit Wasser begießen.
Die Soße anbinden, säuerlich abschmecken und mit Sahne legieren.

Besonderer Hinweis:

Da Wild in der Regel nur zu besonderen Anlässen serviert wird, beschränke ich mich auf dieses eine Wildgericht.

Brathähnchen

Zutaten:

- 1 Hähnchen (ca. 1000 g)
- Zitronensaft
- Salz
- Thymian
- Fett

Zubereitung:

Das Hähnchen vierteln und von innen säubern. Gut mit Zitronensaft einreiben, dann einsalzen und mit Thymian würzen.
Das Geflügel auf ein Backblech legen oder in eine offene Kasserolle und Fettflöckchen dazusetzen.
Bei mittlerer Hitze 30 Minuten im Backofen knusprig braten. Zwischendurch einmal mit etwas Wasser begießen.

Besonderer Tip:

Möchten Sie Ihr Hähnchen auch schön knusprig haben, bestreichen Sie es in der letzten Viertelstunde mit Kondensmilch.

Hähnchen provençal

Zutaten:

- 1 großes Hähnchen
- 1-2 EL Zitronensaft
- Mehl
- 2 EL Sonnenblumenöl
- 1 kleine Dose geschälte Tomaten
- 1 gehackte Zwiebel
- 1 kleine Dose Champignons
- 1 Lorbeerblatt
- je 1/2 TL Rosmarin und Thymian
- 200 ml Brühe
- 2 EL Tomatenmark
- einige Spritzer Sojasoße
- etwas Salz

Zubereitung:

Das Hähnchen in vier Stücke teilen und mit Zitronensaft beträufeln, dann in Mehl wenden.
Das Öl in einer großen Pfanne erhitzen und die Hähnchenstücke von allen Seiten goldbraun braten.
Die Zwiebeln hinzugeben, 3 Minuten später die Pilze, 4 Minuten später die geachtelten Tomaten. Mit Brühe auffüllen und mit dem Lorbeerblatt, Rosmarin, etwas Salz, Thymian und Sojasoße würzen.
Zugedeckt 25-35 Minuten schmoren lassen. Dann das Hähnchen herausnehmen und die Soße mit Tomatenmark und Soßenbinder anbinden.
Falls sich etwas Fett am Pfannenrand absetzt, schöpfen Sie es vorsichtig mit einer Soßenkelle ab.
Dazu schmecken Nudeln und Spätzle ausgezeichnet.

Hühnerfrikassee

Zutaten:

50 g geräucherter,
durchwachsener Speck
etwas Sonnenblumenmargarine
zum Braten
4-5 gehäufte EL Mehl
150-200 g gekochtes
Hühnerfleisch
Saft einer halben Zitrone
600 ml Brühe
1 kleine Dose
Champignons oder
150 g frische Champignons
1/2 TL Kräutersalz
5 Spritzer Sojasoße pikant
1 Spritzer Essigessenz, verdünnt
1 TL Zucker
frische Petersilie

Zubereitung:

Den in kleine Stücke geschnittenen Speck in etwas Margarine auslassen. Die gut abgetropften Champignons aus der Dose, bzw. die gut gesäuberten und geteilten frischen Champignons hinzugeben und einige Minuten mitdünsten lassen. Dann das Mehl darüberstäuben und gut verrühren.

Nun die Brühe langsam dazugießen und dabei ständig rühren. Den Herd können Sie, nachdem die Soße aufgekocht ist, ausschalten. Zum Schluß geben Sie das zerkleinerte Hühnerfleisch, die Zitrone, Sojasoße, Essig und Zucker hinzu. Alles gut miteinander verrühren und abschmecken. Ist die Soße noch zu dünn, können Sie das Ganze nochmal kurz aufkochen lassen. Servieren Sie das Hühnerfrikassee mit Petersilie und Salzkartoffeln oder Reis.

Besonderer Hinweis:

Falls Sie frische Champignons benutzen, darf das Frikassee nicht mehr aufgewärmt werden!

Putenkeule

Zutaten:

2 Putenkeulen
etwas Salz
etwas Thymian
etwas Rosmarin
200 ml Brühe
Tomatenmark
Soßenbinder
Fett zum Braten

Zubereitung:

Die Putenkeule abwaschen und abtupfen.

Nun mit Salz, Thymian und Rosmarin einreiben. Den Backofen vorheizen, die Putenkeulen mit dem Fett aufsetzen und in der geschlossenen Kasserolle bei 250°C 2 Stunden schmoren lassen.

Alle 20 Minuten mit der Brühe begießen.

Die Soße mit Tomatenmark verfeinern und anbinden.

Ente

Zutaten:

1 Ente
Salz
Thymian
Majoran
Zur Füllung:
1.
100 g Maronen
100 g Backpflaumen
1 saurer Apfel
oder
2.
1-2 Brötchen, altbacken
1/16 l Milch
Herz, Leber, Magen der Ente
1-2 EL gehackte Petersilie
Salz
1 Msp. Beifuß
1 Zwiebel
Fett

Zubereitung:

Die gefrorene Ente zunächst ganz auftauen lassen. Federreste und Fettdrüsen über einer Flamme absengen, die Ente gründlich waschen und abtrocknen.
Innen und außen salzen. Von innen mit Majoran und Thymian einreiben.
Nun mit Füllung 1 oder 2 füllen, oder auch einfach so braten.

1. Füllung:
Maronen an der Spitze einschlitzen u. 5 Minten in Salzwasser vorgaren.
Braune Schalen hinterher entfernen und die Maronen leicht einsalzen.
Die Backpflaumen 2-3 Stunden in Wasser einweichen. Den Apfel vierteln und entkernen. Alles vermischen und in die Bauchhöhle der Ente geben.

2. Füllung:
Das Brötchen zerkleinern und in Milch quellen lassen.
Die Innereien säubern, dann zerkleinern. Die gehackte Zwiebel am besten in Schmalz andünsten. Innereien dazugeben.
Nun alle Zutaten miteinander vermischen, abschmecken und in die Ente füllen.
Die Ente zunähen und etwa 2-3 Stunden (je nach Größe) bei 175°C im offenen Topf braten. Die Brustseite muß oben liegen und ab und zu mit Wasser begossen werden.

Falls Sie bisher im Winter auf tiefgefrorenes Gemüse zurückgegriffen haben, so müssen Sie nun darauf achten, ob dies auch ungewürzt ist. Denn Rahmspinat, Leipziger Allerlei usw. werden von einigen Firmen fertig angemacht, und damit auch gewürzt, angeboten.
Da Sauerkraut aus Konserven vorwiegend in Wein eingelegt angeboten wird, sollten Sie auf milchsauer eingelegte Ware bzw. frisches Sauerkraut zurückgreifen.

Bei sauer Eingelegtem, z.B. Gurken, müssen Sie Salz- oder Kräutergurken mit möglichst wenig Senf- und Pfefferkörnern wählen. Da ich zum Braten Paprika oder frische Kräuter benutze, friere ich mir im Sommer welche für den Winter ein. Die Paprika sind zwar nach dem Auftauen etwas matschig, aber zum Braten sind sie gut.

Beim Putzen des Gemüses immer die Kerne entfernen, das gilt auch für Obst, da diese schädliche Öle enthalten.

Viele Gemüsearten bereitet man ohnehin ohne „verbotene" Gewürze zu. Auf diese will ich hier nicht näher eingehen.

Der Stellenwert des Gemüses wird hierzulande leider immer noch häufig unterschätzt. Es wird höchstens als Beilage, wenn nicht sogar nur als Garnitur zu einem ansonsten sehr üppig ausgerichteten Mahl gereicht. Daher möchte ich Ihnen mit einigen Rezepten zeigen, daß Gemüse als Hauptgericht nicht nur nachhaltig sättigt, sondern auch ein wahrer Gaumenschmaus sein kann. Fleisch, wenn überhaupt, nur als Beilage reichen.

Kurz noch ein paar Worte zum vitaminschonenden Garen:
Gemüse nur mit wenig Wasser und bei geschlossenem Deckel so lange garen, daß der Biß nicht verloren geht. Wenn möglich, das Kochwasser anschließend mitverwenden, denn darin ist ein Teil der Vitamine gelöst. Langes Warmhalten sollte ebenfalls vermieden werden. Lieber nochmals anwärmen.

Broccoli-Salat

Zutaten:

4 EL Distel- oder
Sonnenblumenöl
4 EL Obstessig oder
verdünnte Essigessenz
Knoblauchsalz
400 g rohen Broccoli
etwa 20 Cashewkerne, gehackt
Petersilie gehackt
evtl. etwas Zucker

Zubereitung:

Aus dem Öl, Essig, Knoblauch und Zucker eine Tunke bereiten.
Den Broccoli putzen und zerkleinern, in die Tunke geben und mit Petersilie u. Cashewkernen bestreut servieren.

Sauerkraut mit Möhren

Zutaten:

500 g Sauerkraut, roh
250 g geraspelte Möhren
2 geraspelte Äpfel
4 EL Distelöl
gemahlene Mandeln
etwas Dickmilch
Dill, gehackt
Schnittlauch, gehackt
Petersilie, gehackt

Zubereitung:

Alle genannten Zutaten miteinander vermischen, evtl. noch mit etwas Zucker abschmecken.

Wildkräuter

Zutaten:

250 g Löwenzahn und Wurzeln
6 EL Sonnenblumenöl
1 EL Obstessig oder verdünnte Essigessenz
1 EL Melisse
etwas Dill und Petersilie gehackt
1 kleine Zwiebel
evtl. etwas Zucker

Zubereitung:

Das Gemüse gut säubern und zerkleinern. Die Zwiebel hacken.
Aus Öl, Essig, der Zwiebel, Zucker und Melisse eine Tunke bereiten, das Gemüse unterheben und mit Dill und Petersilie garniert servieren.

Französisches Bohnengemüse

Zutaten:

50 g gewürfelter fetter Speck
1 große Zwiebel
1 Knoblauchzehe
1 große Dose (800 ml) grüne Brechbohnen
4 enthäutete Tomaten
1 EL Tomatenmark
Sojasoße (herzhaft)
Salz
Kräutersalz

Zubereitung:

Den Speck auslassen, die kleingeschnittene Zwiebel hinzufügen, andünsten.
Die Knoblauchzehe halbieren, den Kern entfernen, den Rest zerkleinern und mitbraten. Die geviertelten Tomaten solange braten lassen, bis eine breiige Masse entsteht.
Zum Schluß die abgetropften Bohnen unterheben und mit Tomatenmark und Salz abschmecken.

Geschmortes Sauerkraut

Zutaten:

- 1 kg Sauerkraut vom Faß
- 30-40 g Speck
- evtl. Zucker

Zubereitung:

Das Sauerkraut 20 Minuten bei geöffnetem Deckel weichkochen, da so gleichzeitig der überflüssige Saft verdunsten kann.
Den gewürfelten Speck in einer Pfanne auslassen und das Sauerkraut weitere 20 Minuten darin anschmoren.
Hier muß das Sauerkraut immer wieder gewendet werden, um ein Anbrennen zu vermeiden.

Gekochtes Sauerkraut

Zutaten:

- siehe oben
- ohne Speck!

Zubereitung:

Man kocht am besten etwas Fleisch, z.B. Kasseler, Eisbein oder Rippchen in dem Sauerkraut mit.
Man würzt das Sauerkraut mit Wacholderbeeren, 1 Zwiebel, einem Lorbeerblatt und evtl. etwas Zucker.
Die Kochzeit von Sauerkraut beträgt 45-60 Minuten.

Sauerkrautrohkost

Zutaten:

- 400 g Sauerkraut vom Faß
- 10-12 EL Ananaswürfel
- 4 EL Sultaninen
- 3 EL Sonnenblumenöl
- gehackte Mandeln
- 4 EL Joghurt oder Sahne
- Zucker nach Geschmack

Zubereitung:

Das Sauerkraut zupfen und etwas zerkleinern. Mit Öl, Zucker und Joghurt vermischen. 10 Minuten ziehen lassen. Dann Ananas und Rosinen unterheben.
Mit Mandeln garniert servieren.

Sauerkraut-Kartoffelpuffer

Zutaten:

- 250 g Sauerkraut
- 500 g Kartoffeln
- 15 g Kartoffelmehl
- 2 zerkleinerte, feingehackte Zwiebeln
- 1 Ei
- Sonnenblumenöl zum Braten

Zubereitung:

Geschälte Kartoffeln reiben und mit dem Sauerkraut, den Zwiebeln, dem Kartoffelmehl und dem Ei zu einem Teig verarbeiten. Eßlöffelweise ins *heiße Fett* geben und von beiden Seiten goldbraun braten.
Es kann sein, daß die ersten Puffer an der Pfanne kleben bleiben, doch das gibt sich.

Sauerkrauteintopf

Zutaten:

- 50 g geräucherter, durchwachsener Speck
- 7 mittelgroße Kartoffeln
- 400 g Sauerkraut
- 2 Psori-Mettwürstchen
- 1/4 l Wasser
- 3-5 Wacholderbeeren
- Salz
- 1 Schuß Milch

Zubereitung:

Den Speck in Scheiben schneiden und den Topfboden damit auslegen.
Geschälte, in Würfel geschnittene Kartoffeln darauf geben. Das etwas zerpflückte Sauerkraut, bis auf 1-2 EL, auf die Kartoffeln geben. Die Mettwürstchen auf die Kartoffeln legen. Zum Schluß Wasser und Wacholderbeeren darauf geben und alles bei geschlossenem Deckel 30-40 Minuten bei mittlerer Hitze garen lassen. (Nicht umrühren, sonst brennt es an!)
Die Würstchen aus dem Topf nehmen und den Eintopf stampfen. Mit Salz und Milch abschmecken.
Das rohe Sauerkraut nun untermengen, da es besonders vitaminreich ist.
In einer Schüssel mit den Mettwürstchen obenauf servieren.

Tuttifrutti

Zutaten:
200 g rote Beete
1 EL Zitronensaft
1 EL frische Sahne
300 g geraspelte Möhren
1 großer, geraspelter Apfel
200 g Radieschen
etwas Salz
Petersilie
Schnittlauch

Zubereitung:
Das Gemüse putzen und kleinschneiden. Die Sahne, das Salz und den Zitronensaft miteinander vermischen, den Apfel und das restliche Gemüse zugeben und mit Petersilie und Schnittlauch garniert servieren.

Florentiner Spinat

Zutaten:
200 g Spinat
etwas ausgelassener
Speck und
1 Zwiebel
Salz
2 EL Reibekäse
und 2 EL Paniermehl
oder
3-4 EL saure Sahne

Zubereitung:
Spinat verlesen und waschen. Ohne Zusätze in einen großen, breiten Topf geben und zugedeckt drei Minuten erhitzen. Dann mit dem *„Küchenliebling"* das Unterste zuoberst kehren und wieder drei Minuten kochen lassen, die Flüssigkeit einreduzieren lassen.
In der Zwischenzeit etwas Speck in einem Topf auslassen und darin eine gewürfelte Zwiebel glasig dünsten.
Speck und Zwiebel auf den Spinat geben und dann den Reibekäse mit Paniermehl oder den Rahm zufügen. Alles gut salzen und verrühren. Sofort servieren!
Tiefgekühlten Spinat vorher ganz auftauen.

Besonderer Hinweis:
Für dieses Spinatrezept benutze ich frischen oder gefrorenen, *ungewürzten* Spinat. Der Kochvorgang ist so gewählt, daß die Vitamine größtenteils erhalten bleiben.

Lauchgemüse

Zutaten:
1000 g Lauch
40 g geräucherter, durchwachsener Speck
3 große Zwiebeln
1/2 Knoblauchzehe
Salz
Sojasoße

Zubereitung:
Den Lauch waschen und in Ringe schneiden. Zwiebeln ebenfalls in dünne Scheiben schneiden.
Den Speck würfeln und in etwas Fett auslassen. Dazu die gepreßte Knoblauchzehe geben und auch die Zwiebeln glasig dünsten. Dann den Lauch zufügen. Alles 10-12 Minuten weich dünsten, salzen und mit Sojasoße abschmecken.

Bunte Gemüsepfanne

Zutaten:
40 g Sonnenblumenmargarine
oder
40 g Speck
2 große Zwiebeln
2 Paprikaschoten
4 geschälte Tomaten
1 kleine Dose Champignons
oder
200 g frische Champignons
Salz
Sojasoße
wer mag:
1 Knoblauchzehe
Schabziegerklee

Zubereitung:
Den gewürfelten Speck oder die Margarine auslassen.
Die Zwiebeln in dünne Ringe schneiden und dann hellbraun dünsten.
Die Paprikaschoten von ihren Kernen befreien und in dünne Streifen schneiden, zu den Zwiebeln geben.
Die gepreßte Knoblauchzehe nun mit anbraten. Dann die geputzten bzw. die abgetropften Champignons hinzugeben.
Zum Schluß die geviertelten Tomaten hinzufügen, allerdings erst nach 5 Minuten.
Alles gut würzen und einmal vorsichtig miteinander verrühren.
Falls sich zuviel Flüssigkeit angesammelt hat, die nicht richtig verdampft ist, kann man sie mit etwas Tomatenmark anbinden.

Kohlrabi

Zutaten:
- 4-6 Kohlrabi
- 100 ml Sonnenblumenöl
- 40 g Butter
- 40 g Mehl
- 3/4 l Brühe
- 1 Bund Petersilie
- Salz

Zubereitung:
Die Kohlrabi schälen, in Stifte schneiden und im heißen Öl kurz schwenken. Brühe hinzugeben und 10-20 Minuten gardünsten.
Währenddessen aus Mehl und Butter eine Mehlschwitze machen und mit der Kohlrabibrühe aufgießen, gut durchkochen lassen, mit Salz und Sojasoße abschmecken und zum Schluß die gehackte Petersilie zugeben und die Soße über die Kohlrabi gießen. Dazu Salzkartoffeln und etwas Kurzgebratenes.

Chinesisches Gemüse

Zutaten:
- 1 Dose Aprikosen (425 ml)
- 3 rote Paprikaschoten
- 3 EL Olivenöl
- 1 EL Sojasoße
- 1 TL verdünnte Essigessenz
- 1 EL getrocknete chinesische Pilze
- Salz
- 1 TL Zucker

Zubereitung:
Die Aprikosen und die Paprika in schmale Streifen schneiden.
Die Pilze 1 Stunde in einer Tasse mit lauwarmem Wasser einweichen.
Die Paprikaschoten in heißem Öl einige Minuten scharf anbraten. Nun *etwas* Aprikosensaft zufügen und 5 Minuten schmoren lassen.
Dann die abgetropften Pilze und die Aprikosen hinzufügen. Mit Sojasoße, Essig, Salz und Zucker abschmecken, nun noch mehr Aprikosensaft zugießen. Mit dem restlichen Saft etwas Speisestärke anrühren und damit die Soße des Gemüses binden.
Das schmeckt auf Frikadellen und zu Schnitzeln.

Ratatouille

Zutaten:
200 g Zwiebeln
200 g Tomaten
200 g Zucchini
1 Aubergine
1 Paprikaschote
1/2 Salatgurke
2 Knoblauchzehen
Salz
Kräuter der Provence
Sojasoße pikant
Tomatenmark
Sonnenblumenöl

Zubereitung:
Zwiebeln in dünne Scheiben schneiden. Tomaten mit heißem Wasser übergießen und enthäuten. Zucchini und die Gurke in dünne Scheiben schneiden.
Die Aubergine in kleine Würfel schneiden. Paprikaschote gut entkernen, die Seitenwände entfernen und in schmale Spalten schneiden. Zwiebeln in Öl andünsten, nach und nach das restliche Gemüse zugeben. Knoblauch schälen und ganz fein hacken und zum Gemüse geben. Alles mit Tomatenmark, Sojasoße, Kräutern der Provence und Salz abschmecken. Zugedeckt bei kleiner Temperatur knapp gar kochen.
Dazu kann man Vollkornreis oder Baguette (auch Vollkornbaguette) servieren.

Salate

Die breite Palette der verschiedenen Salate können Sie praktisch voll ausschöpfen. Anstelle des Branntwein- oder Weinessigs verwenden Sie verdünnte Essigessenz oder Obstessig. Mit verschiedenen Ölen wie Leinöl, Sesamöl oder Olivenöl können Sie beliebig den Geschmack verändern. Einfaches Pflanzenöl, Erdnußöl, aber auch das sogenannte Salatöl, sollten nicht verwendet werden.

Da das Öl bei der Salatzubereitung nicht erhitzt wird, empfehle ich Ihnen, hier hochwertige Öle mit einem hohen Anteil an ungesättigten Fettsäuren zu bevorzugen, z.B. Maiskeim- oder Distelöl.
Mit gekochtem Schinken, Oliven, Reis, Nudeln, verschiedenen Gemüsesorten und selbstgemachter Mayonnaise lassen sich zahllose pikante Salate herstellen, die durch das Hinzufügen frischer Kräuter ein besonderes Aroma erhalten.

Das Angebot an frischen Salaten nimmt ständig zu. So sollten Sie anstelle des einfachen grünen Blattsalates auch einmal Eichblattsalat, Feldsalat, Eisbergsalat, Römischen Salat oder Batavia probieren. Mit einer Mischung verschiedener Sorten, die durch Radieschen, Champignons oder Tomaten noch farbliche Akzente bekommt, können Sie vielleicht auch einen Salatmuffel überzeugen.

Einfache Salatmarinade

Zutaten:

- 3 EL verdünnte Essigessenz
- 3 EL Oliven- oder Sonnenblumenöl
- 1 gehackte, mittelgroße Zwiebel
- Salz
- 1/2 TL Zucker
- Salatkräuter

Zubereitung:

Alle Zutaten miteinander vermischen.
Diese Salatmarinade paßt zu sämtlichen Blattsalaten.

Besonderer Tip:

Ein besonderes Aroma bekommt der Salat, wenn Sie die Salatschüssel vor dem Anrichten mit einer Knoblauchzehe ausreiben.

Marinade mit Dickmilch

Zutaten:

- 3 EL Öl
- 3 EL verdünnte Essigessenz
- Salz
- 2-3 Spritzer Sojasoße
- 1/2 TL Zucker
- 1 große, gehackte Zwiebel
- 3 EL Dickmilch
- evtl. einige Spritzer Zitronensaft (frisch gepreßt)
- Salatkräuter

Zubereitung:

Alle Zutaten außer Dickmilch miteinander verrühren.
Die Dickmilch zum Schluß unterrühren.
Paßt zu sämtlichen frischen Salaten.

Dill-Sahne-Marinade

Zutaten:
- 3 EL verdünnte Essigessenz
- 3 EL Sonnenblumenöl
- 1 gehackte, mittelgroße Zwiebel
- 1 1/2 EL getrockneter Dill
- oder
- 4 EL frischer, gehackter Dill
- 100 g frische, süße Sahne
- 1/2 TL Zucker
- Salz

Zubereitung:
Alle Zutaten miteinander verrühren.
Diese Marinade eignet sich gut für Gurken-, Tomaten- und Blattsalate.

Sauce Vinaigrette (ohne Wein)

Zutaten:
- 1 Mayonnaise-Grundrezept
- 1 TL Kresse
- 1 TL Petersilie
- 1 TL Schnittlauch
- 1 TL Dill
- 1 TL Estragon
- 1 Kräutergurke
- 1 gehackte mittelgroße Zwiebel
- einige Kapern

Zubereitung:
Alles miteinander gut verrühren und etwa eine halbe Stunde durchziehen lassen.
Diese Soße eignet sich besonders zu Spargel und kaltem Blumenkohl.

Tomaten in Meerrettichsoße

Zutaten:

40 g geriebener Meerrettich
4 TL Distel- oder
Sonnenblumenöl
1 geriebener Apfel
etwas Zitronensaft
400 g Tomaten
4 EL Sauermilch
etwas Salz

Zubereitung:

Den Apfel mit Zitronensaft beträufeln, damit er nicht braun wird.
Meerrettich mit Öl und Sauermilch vermischen, den geriebenen Apfel zufügen und gut vermischen.
Die Tomaten achteln, leicht einsalzen und mit der Meerrettichsoße übergossen anrichten.

Salatteller

Zutaten:

1 großer Salatkopf
4 Tomaten
1 Paprikaschote
1 Salatgurke
1 Dose Thunfisch
in Wasser oder
2 kleine Dosen
Makrelenfilets in Sojaöl
6 Eier
und nach Belieben:
2 Scheiben
gekochter Schinken
verdünnte Essigessenz
Sonnenblumenöl
oder
Olivenöl
Salz

Zubereitung:

Salat waschen, große Blätter etwas zerkleinern. Die Tomaten achteln. Die Paprikaschote in dünne Streifen schneiden.
Die Salatgurke schälen, in dünne Scheiben schneiden und einsalzen. Nun 6 Eier hart kochen, den gekochten Schinken halbieren.
Vier tiefe Teller mit Salatblätter auslegen. Darauf werden Tomaten, Paprika, Gurken und geachtelte Eier gleichmäßig und dekorativ angerichtet. Dazwischen kommen kleine Nestchen mit dem Schinken und dem Thunfisch. Alles wird gut gesalzen und mit Essig und Öl übergossen. Dies ist ein sehr sättigendes und vitaminreiches Abendbrot, das mit Brot serviert wird.

Sommersalat

Zutaten:

1 Salatgurke
3 große Tomaten
2 grüne Paprika
1 große Zwiebel
1 TL Dill
1/2-1 TL Zucker
1 Prise Knoblauchpulver
1 Messerspitze Salz
2 Spritzer Sojasoße, pikant
2 EL verdünnte Essigessenz
1/2 Tasse Sonnenblumenöl
1/2 Tasse Kondensmilch

Zubereitung:

Die Gurke in dünne Scheiben schneiden und einsalzen. Die Tomaten achteln, ebenfalls salzen. Paprika in feine Streifen schneiden.
Die gehackte Zwiebel, Dill, Zucker, Salz, Knoblauch, Sojasoße, Essig und Öl miteinander in einer Schüssel verrühren. Erst dann die Kondensmilch hinzufügen.
Zum Schluß das Gemüse unterheben und sofort servieren, da nach einer gewissen Zeit die Milch gerinnt.

Bunter Endiviensalat

Zutaten:

1 Endiviensalat
8 TL Distel- oder
Sonnenblumenöl
4 TL Obstessig oder
verdünnte Essigessenz
Liebstöckel
Zitronenmelisse
Rosmarin
Pimpernelle nach Geschmack
4 TL Zitronensaft
1 Orange
1 großer Apfel

Zubereitung:

Aus Essig, Öl und Kräutern eine Tunke herstellen. Die Orange und den Apfel schälen und in Stücke schneiden.
Den Apfel mit Zitronensaft beträufeln, da er sonst braun wird.
Den Endiviensalat putzen und zerkleinern. Alles zusammen in einer Schüssel anrichten und kurz ziehen lassen.
Eventuell noch leicht zuckern.

Griechischer Salat

Zutaten:

- Essigessenz verdünnt
- Sonnenblumenöl
- oder Olivenöl
- Salz
- 1 Salatgurke
- 2 große Zwiebeln
- 6 Tomaten
- 1 Paprikaschote
- 12 Oliven
- 200 g Schafskäse

Zubereitung:

Die Zwiebeln und die Gurke in dünne Scheiben schneiden. Die Tomaten achteln, die Paprika von ihren Kernen befreien und in feine Streifen schneiden.

Eine Marinade aus Essig, Salz und Öl sowie etwas Salz bereiten.

Dann auf vier Teller je ein großes Salatblatt legen und das Gemüse darauf gleichmäßig verteilen. Je drei Oliven dazugeben. Nun den Käse zerkrümeln und darüberstreuen. Zum Schluß die Marinade über den Salat geben.

Wer den strengen Geschmack vom Schafskäse nicht mag, kann auch Ziegenkäse verwenden. In griechischen oder türkischen Lebensmittelgeschäften gibt es auch die verschiedensten Sorten von Schafskäse, von ganz mild bis sehr pikant und von sehr weich bis bröckelig fest.

Besonderer Hinweis:

Diesen Salat können Sie im Restaurant ohne Pfeffer bestellen. Dann können Sie ihn bedenkenlos essen, denn die Griechen arbeiten meist mit Essigessenz.

Mein Tip:

Mit Tsatsiki und Fladenbrot serviert, kann der Salat als leichtes Abendbrot serviert werden.

Nizzasalat

Zutaten:
- 250 g Gabelspaghetti
- Salz
- Olivenöl
- 400 g Tomaten
- 2 kleine Porreestangen
- oder
- 6 Lauchzwiebeln
- 100 g Oliven
- 200 g Edamer
- oder
- 200 g Mozarella
- 2 Dosen Thunfisch
- in Wasser
- 1 TL Kapern
- 1 Knoblauchzehe
- 1 Bund Petersilie
- 1 TL Basilikum
- 3-4 EL verdünnte
- Essigessenz

Zubereitung:
Die Nudeln in Salzwasser ca. 10 Minuten garkochen und dann abkühlen lassen.
Lauch in Ringe schneiden, Tomaten achteln, Paprika in dünne Streifen schneiden. Oliven ebenfalls zerkleinern, den Käse in Würfel schneiden und den Thunfisch zerpflücken. Alles gut salzen. Kapern, geschälte Knoblauchzehe, Petersilie ganz fein zerhacken und mit Basilikum, Essig, 5 EL Olivenöl und etwas Salz zu einer Marinade verrühren.
Alle Zutaten in eine Schüssel geben, gut miteinander verrühren und 1-2 Stunden ziehen lassen.

Saurer Wurstsalat

Zutaten:
- 1 Dose
- Psori.-Schinkenwurst
- 2 mittlere Zwiebeln
- 2 EL Öl
- 4 TL Zucker
- 1 TL Salz
- 1 EL Essigessenz, verdünnte
- 200 ml Wasser

Zubereitung:
Die Schinkenwurst in Streifen schneiden, die Zwiebeln in dünne Scheiben (Ringe) schneiden. Öl, Essig, Zucker, Salz und Wasser miteinander verrühren und in eine kleine Schüssel geben.
Wurst und Zwiebeln zugeben und alles mindestens 2 Stunden ziehen lassen.
Der Salat wird mit Brot serviert und ohne Tunke gegessen.

Eiersalat

Zutaten:

- 1 Mayonnaise-Grundrezept
- 8 hartgekochte Eier
- 1 kleine Dose
- Champignons, geschnitten
- Salz
- feingeschnittener Schnittlauch
- etwas Zitronensaft
- evtl. 1 Kräutergurke

Zubereitung:

Die hartgekochten Eier und das Gürkchen in Scheiben schneiden, einsalzen, die abgetropften Champignons hinzugeben, mit etwas Zitronensaft beträufeln und nun soviel Mayonnaise zugeben, wie Sie mögen. Alles gut verrühren, mit Schnittlauch garnieren.
Nicht zu lange stehen lassen, da sich nach einigen Stunden Flüssigkeit absetzt.

Variante:

Statt der Champignons können Sie auch Spargelspitzen benutzen.

Reissalat

Zutaten:

- 1 Tasse Langkornreis
- 2 Tassen Wasser
- 1 Messerspitze Safran
- Salz
- 150 g Erbsen, aufgetaut
- 1 kleine Dose Champignons
- 1 rote Paprikaschote
- 200 g gekochter Schinken
- 3-4 EL Olivenöl
- 3 EL verdünnte Essigessenz
- Tomatenmark
- Dill
- Oliven
- 1 Tomate

Zubereitung:

Den Reis in 2 Tassen gesalzenem Wasser und mit dem Safran garkochen.
Die Erbsen ebenfalls 5-10 Minuten im Salzwasser garen.
Champignons abtropfen lassen, Paprikaschoten in dünne Streifen schneiden, Schinken in Würfel schneiden und zu dem gegarten, leicht abgekühlten Reis geben, Erbsen ebenso.
Eine Marinade aus Essig, Öl, Salz, Dill und evtl. etwas Tomatenmark herstellen und mit dem Reis vermischen. Oliven und die in Spalten geschnittene Tomate hinzugeben und alles 2-3 Stunden ziehen lassen. Evtl. etwas nachwürzen.

Kartoffelsalat

Zutaten:
500 g Salzkartoffeln
1 Mayonnaise-Grundrezept
1 TL Zucker
1-2 Kräutergurken
1 gehackte Zwiebel
Salz
Dillspitzen

Zubereitung:
Die Mayonnaise in eine breite Schüssel geben. Die in Scheiben geschnittenen Kartoffeln daraufgeben. Am besten schmeckt dieser Salat, wenn die Kartoffeln noch lauwarm sind. Den Zucker noch zu der Mayonnaise geben. Nun die gehackte Zwiebel auf die Kartoffeln geben und alles einsalzen.
Diese Masse einige Minuten ziehen lassen. Dann die kleingeschnittene Gurke und die Dillspitzen zufügen und alles vorsichtig miteinander vermischen. Evtl. mit Essig oder Zukker abschmecken.

Thunfischsalat

Zutaten:
1 Dose Thunfisch in Salzwasser
3 hartgekochte Eier
1 kleine Dose
gemischtes Gemüse
1 kleine Dose
geschnittene Champignons
1-2 Tomaten
1/4-1/2 Mayonnaise-
Grundrezept
Salz
Sojasoße

Zubereitung:
Die Tomaten achteln. Die Champignons und das Gemüse abtropfen lassen. Etwas Gemüsesaft mit der Mayonnaise verrühren.
Die Eier in Würfel schneiden. Das Gemüse und die Eier gut salzen und 10 Minuten ziehen lassen.
Den Thunfisch mit der Mayonnaise verrühren. Gemüse und Eier vorsichtig untermengen, mit Sojasoße und Salz abschmecken.
20 Minuten ziehen lassen.

Mein Tip:
Die Dosenchampignons können auch durch frische ersetzt werden. Diese aber nach dem Schneiden erst mit Zitronensaft beträufeln, da sie sonst braun werden.

Pußtasalat

Zutaten:
300 g gekochter Schinken
1 rote Paprikaschote
1 grüne Paprikaschote
6 EL Sonnenblumenöl
6 EL verdünnte Essigessenz
1 große Zwiebel
Salz
1 TL Zucker

Zubereitung:
Öl und Essig mit Salz und Zucker verrühren. In diese Marinade die in Streifen geschnittenen Paprikaschoten geben. Zwei Stunden darin ziehen lassen. Dann etwa die Hälfte der Marinade weggießen. Die in Ringe geschnittene Zwiebel und den gewürfelten Schinken dazugeben, etwa 1/2 Stunde ziehen lassen, dann servieren.

Geflügelsalat

Zutaten:
1 Mayonnaise-Grundrezept
200 g gekochtes
Hühnerfleisch
1 kleine Dose Spargel
1 kleine Dose
Champignons in Scheiben
zum Nachwürzen:
verdünnte Essigessenz
Zucker

Zubereitung:
Zerteilen Sie das Hühnerfleisch in kleine Stücke, geben Sie soviel Mayonnaise darauf, wie Sie es am liebsten mögen. Dazu kommt noch etwas Spargelsaft (nicht zuviel, dann wird die Mayonnaise zu dünn), alles gut verrühren, dann den Spargel in Stückchen (eine Stange etwa in drei Stücke) schneiden und mit den gut abgetropften Champignons hinzugeben. Je nach Geschmack kann noch mit Essig oder Zucker abgeschmeckt werden.
Den Salat mindestens 1/2 Stunde ziehen lassen.

Dinkel-Sellerie-Salat

Zutaten:

- 125 g Dinkel
- 1/4 l Wasser
- 2 Äpfel
- 150-200 g Sellerie
- 50 g Mandeln
- 100 g saure Sahne
- Salz
- frisch gepreßter Zitronensaft

Zubereitung:

Den Dinkel über Nacht im Wasser einweichen lassen und am nächsten Morgen in dem Einweichwasser 20 Minuten bei kleiner Hitze kochen und anschließend ausquellen lassen. Die Äpfel gut waschen, in kleine Würfel schneiden und mit dem frisch gepreßten Zitronensaft beträufeln.
Sellerie schälen und raspeln, Nüsse hacken.
Alle Zutaten in eine Schüssel geben und mit saurer Sahne und Salz abschmecken.

Porree-Sellerie-Salat

Zutaten:

- 2 Stangen Lauch (Porree)
- 2 mittelgroße Äpfel
- 1 große Zwiebel
- 4 hartgekochte Eier
- 150 g eingemachte Sellerie
- 5 Scheiben Ananas aus der Dose
- 100 g Mayonnaise-Grundrezept
- 2 TL Zitronensaft
- Zucker
- Salz

Zubereitung:

Lauch in feine Ringe schneiden und gut waschen. Äpfel, Zwiebeln und Eier würfeln. Ananas in kleine Stücke schneiden und alles zusammen mit dem Sellerie mischen. Aus Mayonnaise, Salz, Zucker und dem Zitronensaft eine pikante Soße bereiten, die anschließend gut mit den Salatzutaten vermischt wird. Den Salat möglichst einige Stunden durchziehen lassen. Er schmeckt auch noch einen Tag später gut, obwohl sich dann schon etwas Flüssigkeit abgesetzt hat.

Eingemachte Sellerie:

Eine Sellerieknolle schälen, in feine Streifen schneiden und in einem Sud aus wenig Wasser, verdünnter Essigessenz, die mit Zucker und Salz abgeschmeckt wird, weichkochen.

Chicoréesalat

Zutaten:
- 2 Chicorée
- 3 Orangen
- 1 Bund Brunnenkresse
- 1 saftige Birne
- 2 EL Sonnenblumenöl
- 2 EL frisch geriebener Meerrettich
- 2 EL frisch geschlagene Sahne

Zubereitung:
2 Orangen schälen und spalten. Die dritte Orange auspressen. Chicorée putzen, waschen und den bitteren Keil herausschneiden. Den Chicorée in seine einzelnen Blätter zerteilen, diese, soweit nötig einmal längs durchschneiden und alle Blätter im Orangensaft wenden. Die Birne waschen und in kleine Stücke schneiden und ebenfalls in den Orangensaft geben. Öl, Meerrettich und Sahne vermischen, Brunnenkresse säubern, zupfen und nun alle Zutaten vorsichtig in einer Schüssel mischen. Sofort anrichten.

Rote-Bete-Salat

Zutaten:
- 1 TL Butter
- 1 TL Honig
- 200 g Rote Bete
- 2-3 TL saure Sahne
- 1/2 TL verdünnte Essigessenz
- 1 TL Distelöl
- Salz

Zubereitung:
Rote Bete schälen und in feine Scheiben schneiden.
Einen Teelöffel Butter in einen Stieltopf geben, den Honig darin verrühren und anschließend die Rote Bete hinzugeben. Alles etwa 20 Minuten bei kleiner Flamme und geschlossenem Deckel dünsten.
Die saure Sahne mit Essig und Öl verrühren und mit der noch warmen Roten Bete ziehen lassen.
Nach Geschmack salzen.

Rohkost

Da Rohkost so gesund und wichtig für die Gesundheit ist, nimmt sie einen hohen Stellenwert in unserer Ernährung ein.

Viele Rezepte sind Ihnen bestimmt schon bekannt. Sie sollten nur auf folgende Dinge achten:

- Richten Sie die Rohkost mit Nüssen an, so verwenden Sie bitte nur Mandeln, Cashewkerne, Pinienkerne oder Pistazien. Walnüsse und Haselnüsse müssen gestrichen werden!
- Sie können Obstessig, Apfelessig oder verdünnte Essigessenz benutzen. Keinen Kräuter- oder Branntweinessig!

Rohkostgerichte, die für Sie geeignet sind, gibt es in Hülle und Fülle. Ich bitte Sie, hier auch andere Kochbücher zu Rate zu ziehen. Verbotene Gewürze oder Nüsse müssen Sie dort gegebenenfalls streichen oder ersetzen.

In frischer Rohkost sind nicht nur alle wichtigen Mineralstoffe und Vitamine enthalten, sondern auch Ballaststoffe, die für eine gut funktionierende Verdauung und zur Darmreinigung unerläßlich sind. Nebenbei sättigen Rohkostgerichte gut, ohne gleichzeitig viele Kalorien zu liefern. Einer Überernährung wird auf diese Weise vorgebeugt.

Rohkost

Möhrenrohkost

Zutaten:

- 500 g Möhren
- 2 säuerliche Äpfel
- den Saft von 2 frischen Zitronen
- den Saft von 2 frischen Orangen (etwa 0,2 ml)
- 4-5 EL Sonnenblumenöl
- 4 EL Zucker

Zubereitung:

Die Möhren säubern und feinraspeln. Dazu die grobgeraspelten Äpfel geben und alles mit Öl, Zucker, Zitronen- und Orangensaft abschmecken. Nun alles mindestens eine halbe Stunde ziehen lassen.

Gemüsesalat

Zutaten:

- 5 mittelgroße Möhren
- 1 Kohlrabi
- 400 g Spargel
- 2-3 kleine Frühlingszwiebeln
- eine Handvoll frischer Kerbel
- 4 EL Maiskeimöl
- 1 EL verdünnte Essigessenz
- 1 EL Apfeldicksaft (zum Süßen)
- 6 EL süße Sahne
- Salz
- etwas Zucker

Zubereitung:

Rohes Gemüse als Salat schmeckt eigentlich nur gut, wenn die Zutaten sehr fein geschnitten werden.

Möhren putzen, waschen und in feine Scheiben schneiden. Kohlrabi schälen und in feine Stifte schneiden. Spargel schälen und in sehr dünne Scheiben schneiden. Die Köpfe ganz lassen.

Die Zwiebeln in feine Ringe schneiden. Aus Essig, Öl, Apfeldicksaft und Sahne eine Marinade anrühren, die mit Salz und etwas Zucker abgeschmeckt wird. Lieben Sie cremigere Soßen, geben Sie noch etwas selbstgemachte Mayonnaise hinzu.

Das Gemüse mit der Marinade vermischen, kurz ziehen lassen und erst zum Schluß den gewaschenen und gezupften Kerbel unterheben. Wem dieser Rohkostsalat zuviel Biß hat, der kann das Gemüse auch vor der Zubereitung leicht andünsten. Dann ist es jedoch kein Rohkostsalat mehr.

Selleriesalat

Zutaten:
- 350 g Sellerie
- 200 g Äpfel
- 1 Eidotter
- 1 Messerspitze Ingwer
- etwas Salz
- 5 EL Sonnenblumenöl
- 2 EL Zitronensaft
- 2 EL Kefir oder Joghurt
- 4 Salatblätter
- 1 Tomate oder
- 1 hartgekochtes Ei
- 1/2 Bund Schnittlauch

Zubereitung:
Eidotter cremig rühren, tropfenweise das Öl dazurühren und dann mit Ingwer, Salz, Zitronensaft und Kefir würzen. Sellerie und den geschälten Apfel feinreiben und unter die Salatsoße heben. Alles auf die Salatblätter verteilen, mit Tomaten- oder Eischeiben und Schnittlauch garniert servieren.

Weißkohlsalat

Zutaten:
- 500 g Weißkohl
- 1 TL Salz
- 3 EL Mayonnaise (siehe Rezept)
- 3 EL saure Sahne
- 2 EL Tomatenketchup (siehe Rezept)
- etwas Salz
- 1 Prise Zucker
- 2 EL feingehackte Zwiebeln
- 2 Äpfel

Zubereitung:
Den Weißkohl vierteln, feinhobeln, mit Salz bestreuen und mit einem Nudelholz stampfen. den Kohl nun etwa 30 Minuten ruhen lassen. Mayonnaise, saure Sahne, Ketchup, Salz, Zucker und Zwiebel miteinander zu einer Marinade verrühren. Die Äpfel in feine Scheiben schneiden, zu dem Weißkohl zufügen, alles gut verrühren und vor dem Verzehr etwa eine Stunde ziehen lassen.

Mein Tip:
Falls Sie kein Tomatenketchup zur Hand haben, können Sie auch ersatzweise auf Tomatenmark zurückgreifen.

Rotkohlrohkost

Zutaten:
250 g Rotkohl
2-3 EL Sonnenblumenöl
2 EL verdünnte Essigessenz
Salz
1 Zwiebel, gehackt
2 rotschalige
geraspelte Äpfel
1 TL Zucker
2 EL Joghurt
2 EL Sahne
4 EL Rosinen

Zubereitung:
Rotkohl putzen, waschen und sehr fein schneiden, mit den geraspelten Äpfeln, Essig, Öl, der feingehackten Zwiebel, Salz, Sahne und dem Joghurt verrühren.
Rosinen auf Wunsch hinzugeben, alles gut unterheben und etwa eine halbe Stunde ziehen lassen.

Blumenkohlrohkost mit Avocadocreme

Zutaten:
1/2 kleiner Blumenkohl
1 Bund Radieschen
2 EL Sesam
1 reife Avocado
75 g Frischkäse
100 g Mayonnaise-Grundrezept
Zitronensaft
Salz

Zubereitung:
Blumenkohl waschen und die Blumenkohlröschen in feine Scheiben schneiden. Radieschen ebenfalls säubern, Stiel entfernen und in ganz feine Scheiben schneiden.
Avocado schälen, den Kern entfernen und ein paar feine Scheiben abschneiden und sofort mit Zitronensaft beträufeln. Sonst wird das Fruchtfleisch braun. Die restliche Avocado mit einer Gabel oder dem Mixer zu einer breiigen Masse verarbeiten. Mit Frischkäse, Sahne und Mayonnaise mischen. Alles mit Salz und Zitronensaft abschmecken.
Blumenkohl und Radieschen auf Tellern anrichten, mit Avocadoscheiben garnieren und als Krönung je einen Eßlöffel mit Avocadomayonnaise auf den angerichteten Salat geben.

Farmersalat

Zutaten:

400 g rote Bohnen aus der Dose
400 g Maiskörner aus der Dose
2 feingewürfelte Zwiebeln
1 TL Salz
1 TL Rosmarin
2 EL Essigessenz, verdünnt
2 EL Sonnenblumenöl

Zubereitung:

Bohnen und Maiskörner abtropfen lassen. Aus Essig, Öl, Zwiebeln und den Gewürzen eine Marinade bereiten. Man kann hierzu auch noch etwas von der Dosenflüssigkeit zugeben. Die Marinade mit den anderen Salatzutaten vermischen und etwas durchziehen lassen.

Schmackhafte Gerichte ohne Fleisch

Erst einmal sei vorab noch einmal ausdrücklich darauf hingewiesen, Fleisch, speziell Schweinefleisch wirkt nach heutigen Erkenntnissen nicht psoriasisprovozierend!
Dennoch sollten Sie den Fleischkonsum insgesamt auf 3-4mal wöchentlich beschränken, um anderen ernährungsbedingten gesundheitlichen Störungen vorzubeugen.
Da es vielen schwerfällt Hauptgerichte ohne Fleisch zusammenzustellen, sollen im folgenden Kapitel einige Anregungen gegeben werden. Ich möchte Sie an dieser Stelle nochmals auf verschiedene Vollwertbücher verweisen, in denen zahlreiche weitere Rezeptbeispiele gegeben werden. Natürlich müssen Sie dort „verbotene" Gewürze und Zutaten streichen bzw. ersetzen.

Käsesteaks

Zutaten:

200 g Schmelzkäse
oder
200 g geriebener Gouda
1/2 l Wasser
1 TL Kräutersalz
1 Bund Suppengrün
150 g Weizengrieß
Paniermehl
Sonnenblumenmargarine

Zubereitung:

Wasser mit Kräutersalz und feingeschnittenem Suppengrün zum Kochen bringen, dann den Grieß einrühren und alles 2 Minuten kochen lassen.
Alles abkühlen, dann den Käse unterkneten und mit feuchten Händen 10-12 runde, flache Frikadellen formen.
Diese in Paniermehl wälzen und in der heißen Margarine goldbraun backen.

Hirsefrikadellen

Zutaten:

180 g Hirse
1/2 l Wasser
1 Bund Suppengrün
1 kleingehackte Zwiebel
1/2 TL Salz
1/4 l Brühe
1/2 TL Kräutersalz
100 g Kräuterkäse
(Schmelzkäse)
1 TL Oregano
1 EL Tomatenmark
Sonnenblumenmargarine
zum Braten
Panieren

Zubereitung:

Hirse mit Wasser, Brühe, Zwiebel, feingeschnittenem Suppengrün und Salz zum Kochen bringen.
10 Minuten leicht köcheln, 10 Minuten nachquellen und alles abkühlen lassen.
Dann Oregano, Schmelzkäse, Tomatenmark und Kräutersalz hinzugeben, alles gut durchkneten und mit feuchten Händen ca. 10-12 flache Frikadellen formen, in Paniermehl wälzen und in heißer Margarine goldgelb backen.

Pilzfrikassee

Zutaten:

- 500 g frische, gemischte Pilze (aus der Dose geht notfalls auch)
- 2 kleine, gehackte Zwiebeln
- etwas Sonnenblumenmargarine
- 1/4 l Brühe
- 1 Spritzer Zitronensaft
- 40 g Mehl
- 1/2 TL Salz
- 1 EL Sojasoße pikant
- 150 g saure Sahne
- 2 EL gehackte Petersilie

Zubereitung:

Die Pilze waschen, putzen und grob zerkleinern.
In der heißen Margarine Zwiebeln andünsten, die Pilze hinzugeben und 5 Minuten mitdünsten.
Das Mehl darüberstäuben, mit Brühe ablöschen.
Mit Salz, Sojasoße und Zitronensaft würzen und alles noch 5 Minuten kochen lassen.
Sahne und Petersilie unterheben.
Dazu schmecken Semmelknödel oder Reis besonders gut.

Hirseauflauf mit Tomatensoße

Zutaten:

- 250 g geschälte Hirse
- 2 Zwiebeln
- 3 Eigelb
- 1 Möhre
- 1 Bund Petersilie
- 2 EL Butter
- Salz
- 1 l Gemüsebrühe
- 1 Grundrezept Tomatensoße

Zubereitung:

Die Zwiebeln feinhacken, die Möhre raspeln und beides in der heißen Butter andünsten, bis die Zwiebel glasig ist. Hirse und Gemüsebrühe dazugeben.
Zugedeckt aufkochen lassen und bei geringer Hitze 35-40 Minuten quellen lassen.
Zu dem etwas abgekühlten Hirsebrei Salz, feingehackte Petersilie und die drei Eigelb rühren.
Alles in eine Auflaufform geben und 20-25 Minuten bei 190°C backen.
Die gebackene Hirse in dicke Scheiben schneiden und mit Tomatensoße servieren.

Süßer Hirseauflauf

Zutaten:

300 g Hirse
1 l Wasser
1 Prise Salz
1 Vanillestange
75 g Butter
3 Eigelb
3 Eiweiß
100 g braunen Zucker oder Honig
100 g Rosinen
30 g gehackte Mandeln

Zubereitung:

Hirse in Wasser mit Salz und der Vanillestange 5 Minuten kochen, danach 20 Minuten quellen lassen.
Butter glattrühren, Eigelb dazugeben, Rosinen, Zucker oder Honig und die etwas abgekühlte Hirse daruntermengen. Eiweiß steif schlagen und vorsichtig unterheben.
Alles in eine gefettete Auflaufform geben, mit Mandeln bestreuen und bei 200°C etwa 40 Minuten backen.
Mit Vanillesoße servieren.

Kartoffeln, Reis, Teigwaren

Die Kartoffelgerichte können weitestgehend wie gewohnt zubereitet werden. Vorsicht allerdings bei Kartoffelpüree, es ist meist mit Muskat gewürzt; bei den Bratkartoffeln muß die kräftige Würzung mit Pfeffer gestrichen werden.

Besonders im Frühjahr, wenn die ersten jungen Kartoffeln frisch auf dem Markt sind, sollte die Schale mitgegessen werden. Denn darunter verbergen sich die meisten Nährstoffe. Auch ansonsten sollte man Pellkartoffeln den Vorzug geben. Leider wandert bei Salzkartoffeln ein Großteil der Vitamine in das Kochwasser.

Reisgerichte mit Curry sind zu meiden, aber die dadurch entstehende klassische Färbung erhalten Sie auch mit reinem Curcuma. Ob Milchreis oder Langkornreis, bevorzugen Sie die ungeschälten Sorten. Denn gerade die äußere Schicht ist besonders wertvoll. Auch im Parboiled-Reis wird ein Großteil der Vitamine und Mineralstoffe durch ein spezielles technisches Verfahren weitgehend erhalten. Der häufig verwendete weiße Reis enthält leider nicht mehr viel Nährstoffe und ist eigentlich als ein Bestandteil unserer Nahrung überflüssig.

Ravioli oder andere gefüllte Nudeln sind mit gewürzhaltigen Pasten zubereitet. Gefärbte Nudeln wie Spinat- oder Tomatennudeln dagegen enthalten keine Gewürze und können daher verwendet werden.

Anstelle der gewöhnlichen Beilagen können Sie auch mal andere Getreidesorten wie Hirse, Buchweizen oder Dinkel in Form von Klößchen, Puffern oder als Auflauf probieren. Diese Rezepte sind in verschiedenen Vollwertbüchern nachzulesen.

Kartoffeln auf dem Blech

Zutaten:
600 g Kartoffeln
ca. 4 EL Sonnenblumenöl
2-3 Knoblauchzehen
Kräutersalz

Zubereitung:
Die Kartoffeln gut abwaschen, abtrocknen und halbieren.
Das Öl mit ausgedrückten Knoblauchzehen und Kräutersalz mischen und die Kartoffeln darin wenden, bzw. die Kartoffeln mit dieser Mischung einpinseln.
Nun die Kartoffeln mit der Schnittfläche nach unten auf ein Blech geben und bei 250 °C je nach Größe 20-30 Minuten backen lassen. Sie schmecken als Beilage zu Kurzgebratenem oder können als Hauptmahlzeit zusammen mit einem bunten Salat und Kräuterquark serviert werden.

Rosmarinkartoffeln

Zutaten:
600 g Kartoffel
Rosmarin
Sonnenblumenöl
oder Distelöl

Zubereitung:
Die Pellkartoffeln gar kochen, abpellen und sofort in einer Pfanne mit Öl von allen Seiten kurz anbraten.
Anschließend in Rosmarin wenden.

Kartoffelbrei

Zutaten:
800 g Kartoffeln
20 g Butter
1-2 EL *warme* Milch
etwas Salz

Zubereitung:
Die Kartoffeln schälen und als Salzkartoffeln gar kochen, abgießen und sofort stampfen.
Die Butter zufügen und unter Rühren die Milch hinzugeben.
Nach Geschmack salzen.
Mit gebräunten Zwiebelringen anrichten.

Reibekuchen

Zutaten:

- 800 g Kartoffeln
- 2 Eier
- etwas Salz
- 1 große Zwiebel
- Petersilie

Zubereitung:

Die rohen Kartoffeln reiben, mit den Eiern, dem Salz und einer feingehackten Zwiebel sowie der zerkleinerten Petersilie verrühren.
In einer Pfanne Sonnenblumenöl heiß werden lassen und eßlöffelweise den Teig zugeben.
Die Reibekuchen von beiden Seiten knusprig braun braten und mit etwas Zucker oder Apfelkraut servieren.

Variation:

Käsepuffer

Den Teig wie bei Reibekuchen zubereiten.
Dann die Hälfte der Puffer mit geriebenem Käse und in Streifen geschnittenem, rohen Schinken belegen, die restlichen Puffer daraufgeben und nochmals mit Käse bestreuen.
Nun die Puffer 10 Minuten überbacken und mit Petersilie garniert servieren.

Kartoffelplätzchen

Zutaten:

- 800 g gekochte Kartoffeln
- 100 g Mehl
- 2 Eier
- Salz
- 1 TL süße Sahne
- Sonnenblumenöl
- zum Braten

Zubereitung:

Die noch heißen Kartoffeln durchpressen, etwas abkühlen lassen und mit Mehl, Eiern, Salz und Sahne verrühren.
Jetzt eine Rolle mit einem Durchmesser von 5 cm daraus formen und fingerdicke Scheiben davon abschneiden.
In heißem Öl in der Pfanne von beiden Seiten goldbraun braten.

Kartoffelklöße

Zutaten:
1 Brötchen
20 g Margarine
500 g gekochte Kartoffeln
1/4 l Milch
Salz
Majoran
1,5 kg rohe Kartoffeln

Zubereitung:

Das Brötchen in Würfel schneiden und von beiden Seiten anrösten.
Die rohen Kartoffeln sehr fein reiben. Die Milch mit Salz und Majoran zum Kochen bringen und die geriebenen Kartoffeln mit dem Saft und der Stärke zufügen.
Die gekochten Kartoffeln durchpressen und dann ebenfalls zugeben. Mit nassen Händen 8-10 etwa gleichgroße Klöße formen, vorher mit den Brötchenstücken füllen und im siedenden Salzwasser ziehen lassen, bis sie oben schwimmen.

Bauernfrühstück

Zutaten:
ca. 15 gekochte
Kartoffeln (kalt)
6-8 Eier
50 g Speck
Schnittlauch, Petersilie
Salz
2 große Zwiebeln
etwas Öl

Zubereitung:

Die Kartoffeln in Würfel schneiden und im Speck goldbraun braten. In der Zwischenzeit im anderen Topf etwas Sonnenblumenöl erhitzen und die gehackten Zwiebeln darin hellbraun dünsten. Diese Masse zu den Kartoffeln geben. Die Eier schaumig schlagen, den feingeschnittenen Schnittlauch oder die Petersilie hinzugeben, salzen und gleichmäßig über die Kartoffeln verteilen. Alles nochmals umrühren. Sobald die Eier gestockt sind servieren.

Kartoffel-Kräutergratin

Zutaten:

600 g Kartoffeln
Salz
80 g Mehl
1 Zwiebel
1 Knoblauchzehe
100 g Schmelzkäse
oder Gouda
6-7 EL Milch
30 g Butter
2 Eigelb
1 TL Schabziegerklee
2 Eiweiß
3 EL gehackte Kräuter

Zubereitung:

Die Kartoffeln schälen, in Scheiben schneiden und in eine gefettete Auflaufform geben.
Die in Scheiben geschnittenen Zwiebeln darauf verteilen und alles gut salzen.
Nun die Butter erhitzen, das Mehl darin anschwitzen und mit Milch (oder halb Milch/ halb Brühe) ablöschen.
Eigelb, Kräuter und Schabziegerklee zufügen und alles gleichmäßig über die Kartoffeln verteilen.
Nun alles mit Käse bestreuen und den Auflauf etwa 60 Minuten bei 200 °C backen lassen.

Reisplätzchen mit Champignons und Ananas

Zutaten:

200 g Rundkornreis
2 l Salzwasser
300 g frische Champignons
250 g Zwiebeln
1 frische Ananas
4 EL Butter oder Sonnenblumenmargarine
3 Eier
3 EL Mehl
100 g Schmelzkäse
1 EL gehackte Petersilie
1 EL gehackter Schnittlauch
1 TL Salz

Zubereitung:

Den Reis im kochenden Salzwasser ca. 25 Minuten garen lassen.
In der Zwischenzeit die geputzten und kleingeschnittenen Champignons und die gehackten Zwiebeln in etwas Fett andünsten.
Anschließend Reis, Eier, Mehl, Käse, Kräuter und die Champignon-Zwiebel-Masse miteinander verrühren, alles etwas salzen und eßlöffelweise ins heiße Fett geben, zu Fladen verstreichen und von beiden Seiten goldgelb backen.
Dazu die in Stücke geschnittene Ananas servieren.

Paella

Zutaten:

- 400 g Langkornreis
- 2 EL getrocknetes Suppengewürz
- 1 Knoblauchzehe, gepreßt
- 1 Schweineschnitzel
- 50 g Hühnerfleisch, gekocht
- 50 g Krabben
- 50 g Miesmuscheln
- 1 Paprikaschote
- 4 Tomaten aus der Dose
- einige Oliven
- Wasser
- Salz
- einige Spritzer Sojasoße
- 100 g Champignons (frisch oder aus der Dose)

Zubereitung:

Den Reis mit Olivenöl anrösten, dann doppelt soviel Wasser wie Reis in den Topf geben. Suppengewürz hineinstreuen, salzen und aufkochen lassen. Auf ganz kleiner Flamme mit fast geschlossenem Deckel 20 Minuten ziehen lassen. Währenddessen das Fleisch mit Sojasoße und Salz einreiben und in kleine Stücke schneiden. Das Hühnerfleisch ebenfalls zerkleinern.

In einer großen Pfanne Olivenöl erhitzen, darin die Würfel geschnittene Paprika andünsten, kleingeschnittene Champignons hinzugeben und das Fleisch darin anbraten. Das Hühnerfleisch 2 Minuten später hinzugeben und die gepreßte Knoblauchzehe mitunterrühren. Wenn der Reis gar ist, ihn mit in die Pfanne geben, alles vorsichtig umrühren und mit Safran und Salz würzen. Oliven, geviertelte Tomaten, Krabben und Muscheln zum Schluß mitunterheben und heiß servieren.

Das Gericht ist beliebig abwandelbar. So kann man Hackfleisch statt Schnitzel hinzugeben, auch Fischreste oder Thunfisch anstatt Muscheln und Krabben sind Variationsmöglichkeiten.

Reis-Champignon-Risotto

Zutaten:

- 2-3 EL Sonnenblumenöl
- 1 große Zwiebel
- 200 g Naturreis
- 1 l Wasser
- 2 TL Salz
- 2-3 TL gehacktes Suppengrün (frisch oder gefroren)
- 300 g Champignons
- einige Spritzer Sojasoße
- 2 TL Curcuma (Gelbwurz)
- Kräutersalz

Zubereitung:

Die Zwiebel hacken und in dem Sonnenblumenöl leicht anbraten. Dann den Reis zugeben und unter Rühren glasig braten. Nun einen halben Liter Wasser hinzugeben, alles mit Salz und Suppengrün würzen und bei kleinster Flamme im geschlossenen Topf 20 Minuten ziehen lassen. Das Wasser ist nun völlig vom Reis aufgenommen worden. Dann die gewaschenen und in Scheiben geschnittenen Champignons unter den Reis heben und unter ständigem Rühren leicht anbraten. Erst jetzt den restlichen halben Liter Wasser zufügen, mit Curcuma und Sojasoße würzen und alles nochmals bei kleiner Flamme solange kochen, bis der Reis weich ist. Eventuell noch mit Kräutersalz oder Curcuma abschmecken. Das Gericht eignet sich als leichte Mittagsmahlzeit, vor allem an warmen Tagen. Es sollte jedoch nicht wieder aufgewärmt werden, da frische Pilze mitverarbeitet wurden.

Der besondere Tip:

Ein besonders pikantes Aroma erhält das Risotto, wenn sie getrocknete Steinpilze mitverwenden. Weichen sie 20 g Steinpilze in etwa einem halben Liter warmen Wasser ein und heben es dann zusammen mit dem Curcuma unter den Reis.

Vollkornpfannkuchen

Grundrezept für die Pfannkuchen:

200 g Weizen
200 ml süße Sahne
150 ml Wasser
2 Eier
1 Prise Salz

Zubereitung:
Weizen mit den restlichen Zutaten verquirlen und 30 Minuten quellen lassen. Dann nochmals gut verrühren und in heiße Margarine eßlöffelweise den Teig geben und von beiden Seiten goldgelbe Pfannkuchen backen.

Verschiedene Füllungen:

1 mit Käse:
auf den Pfannkuchen in den letzten 3-4 Minuten der Backzeit eine Scheibe Käse geben, so daß er verläuft.

2. mit Quarkfüllung:
den frisch zubereiteten Pfannkuchen auf die Teller geben und mit Kräuterquark bestreichen.

3. mit Pilzen für 4 Personen:
400 g Pilze schälen, zerkleinern und mit einer gehackten Zwiebel in etwas Fett andünsten. Alles etwas salzen und mit Sojasoße abschmecken. 1 EL saure Sahne zugeben und die Soße über die Pfannkuchen geben.

Besonderer Hinweis:
Meistens kennt man nur süße Pfannkuchen. Doch auch herzhaft sind sie sehr empfehlenswert, besonders wenn Sie frisch geschrotenen Weizen nehmen. Sie bekommen ihn in Reformhäusern und Bioläden. Er ist wertvoller als weißes Mehl.

Spätzle

Zutaten:

300 g Mehl
(man kann auch
Vollkornmehl nehmen)
3 Eier
1/8 l Wasser
1/2 TL Salz
20 g Butter

Zubereitung:

Die Zutaten, außer der Butter, in eine Schüssel geben und gut miteinander verquirlen. Dann 10 Minuten quellen lassen. Nun den Teig auf ein nasses Brett streichen und von dort mit einem Schaber in das kochende Salzwasser schaben. Wenn die Spätzle oben schwimmen sind sie gut, und man kann sie mit einem Schaumlöffel in eine angewärmte Schüssel geben. Das Garwerden dauert nur ca. 4 Minuten.
Nun alle Spätzle kurz in Butter schwenken und, wer mag, mit gerösteten Zwiebelringen anrichten.

Lasagne

Zutaten:

1 Rezept Soße Bolognese
250 g Spaghetti
Käseersatzsoße nach Rezept
3 Eier
Salz
10 g Speck

Zubereitung:

Die Soße Bolognese und die Käseersatzsoße nach Rezept zubereiten.
Die Spaghetti 8-10 Minuten im Salzwasser fast gar kochen. Den gewürfelten Speck in der Pfanne auslassen, die Eier in einem Töpfchen salzen und gut schaumig schlagen, zu dem Speck geben und stocken lassen.
Nun die Soße mit den Spaghetti gut mischen, die Hälfte davon in eine Auflaufform geben, etwas Käsesoße darüber, die Eier darauf, die zweite Hälfte der Spaghetti dazu und mit Käsesoße abdecken.
Backzeit: 25 Minuten bei 250 °C. Wollen sie die Lasagne erst später verzehren, dann beträgt die Backzeit 45-50 Minuten bei gleicher Temperatur.

Selbstgemachte Ravioli

Zutaten:

1. für den Teig

250 g Mehl und
Mehl zum Ausrollen
3 Eier
6 EL Wasser

2. für die Füllung 1

Sonnenblumenmargarine
60 g geräucherter, durchwachsener Speck
1 gehackte Zwiebel
100 g gewürfelter, gekochter Schinken
1 kleine Dose Champignons
kleingehackte Petersilie

3. für die Füllung 2 (vegetarisch)

500 g frische Champignons
1 Zwiebel
1 Bund Petersilie
1 Knoblauchzehe
Maggi
Kräutersalz

4. für die Soße

20 g frischer Speck
1 große, gehackte Zwiebel
300 ml Brühe
2 EL Mehl
500 ml Tomatenpüree
Kräutersalz
Knoblauchpulver
Selleriesalz

Zubereitung:

1. Die Zutaten für den Teig miteinander verkneten und den Teig auf einer bemehlten Fläche ausrollen (so dünn wie möglich).
2. Den Speck und die Zwiebeln im Fett andünsten. Schinkenstücke und kleingehackte, abgetropfte Champignons hinzugeben. Zum Schluß auch die Petersilie mitanbraten.
3. Champignons putzen, waschen und kleinhacken. Zwiebel in kleine Würfel schneiden, Petersilie waschen und feinhacken.
Die Zwiebeln und die Petersilie in Sonnenblumenöl anbraten und ein paar Minuten später die Pilze hinzugeben. Die Knoblauchzehe schälen, feinhacken und hinzugeben. Alles mit Maggi und Kräutersalz abschmecken. Bei der vegetarischen Füllung sollte die Tomatensoße natürlich ohne Speck zubereitet werden.
Den Teig in Quadrate schneiden und jeweils ein Teelöffel Füllung auf ein Quadrat geben. Die Ränder der Quadrate mit Eiweiß bestreichen, zusammenklappen und gut andrücken. Die Ravioli in Salzwasser oder Fleischbrühe etwa 10-15 Minuten garen.
4. Für die Soße den Speck auslassen, die Zwiebel darin glasig dünsten. Darüber das Mehl stäuben und hellbraun rösten. Alles mit Brühe ablöschen. Tomatenpüree und Gewürze hinzugeben und alles 10 Minuten köcheln lassen. Die Ravioli in der Tomatensoße, evtl. mit geriebenem Käse, servieren.

Eintöpfe

Auch hier ist es nicht ratsam, Fertigprodukte zu nehmen. Eintöpfe schmecken aufgewärmt häufig besser als frisch zubereitet.
Daher empfiehlt es sich hier, größere Mengen vorzukochen. Die meisten Gerichte sind gefriergeeignet.

Anstelle des Hartkäses können Sie auch die Käsesoße (ohne Hartkäse) nehmen.

Die meisten „guten deutschen deftigen Eintöpfe" werden so gekocht, daß Sie diese ohne weiteres essen können.

Doch auch ein paar kalorienarme leichte Varianten sollen nicht fehlen.

Gemüsesuppe

Zutaten:

1 Huhn
2 1/2 l Wasser
Salz
2 mal 450 g gefrorenes Suppengemüse
4-5 große Kartoffeln
2 Fädchen Safran (falls in Pulverform: 2 Messerspitzen)
2-3 Maggiblätter
30 g Speck
2 große, gehackte Zwiebeln
Sojasoße
Kräutersalz

Zubereitung:

Das Huhn in stark gesalzenem Wasser 1 Stunde garkochen.
Dann das Huhn entfernen (es kann anderweitig verwendet werden), das aufgetaute Suppengemüse, die geschälten, in Würfel geschnittenen Kartoffeln hinzufügen.
Mit den Maggiblättern und dem Safran ca. 30 Minuten garkochen.
Den gewürfelten Speck in einem separaten Topf auslassen, die gehackten Zwiebeln darin andünsten und die Suppe damit ablöschen (also nach dem Kochen zur Suppe geben.) Mit Sojasoße und Kräutersalz nachwürzen.

Linsensuppe mit Pökelfleisch

Zutaten:

1 Zwiebel
1 EL Öl
1 große Dose Linsen mit Suppengrün
ca. 2 l Wasser
500-600 g Kasseler
7 Kartoffeln
2 Bund Suppengrün
Selleriesalz
Thymian
2 EL verdünnte Essigessenz
feingehackte Kräuter z.B. Petersilie, Schnittlauch
1/2 TL Zucker

Zubereitung:

Die gehackte Zwiebel in Öl andünsten. Das Wasser hinzugeben und aufkochen lassen.
Kasseler in Portionsstücke teilen und mitkochen. Die Kartoffeln schälen, in kleine Stücke schneiden, hinzugeben. Das geputzte, zerkleinerte Suppengrün in die Suppe geben, ebenso die Linsen. Alles 1 Stunde köcheln lassen. Zum Schluß mit Selleriesalz, Zucker, Essig, Thymian und frischen Kräutern abschmecken.

Tomatentopf

Zutaten:

1-2 mittelgroße Zwiebeln, gehackt
1 EL Olivenöl
oder
1 EL Sonnenblumenöl
1 Dose Corned Beef (ungewürzt, schauen Sie genau auf der Dose nach, es gibt da verschiedene Sorten)
400 g Tomaten in der Dose
100 g frische Champignons
1 Knoblauchzehe
1 Tasse Langkornreis
1 EL Tomatenmark
1/2 l Brühe
einige Spritzer Sojasoße
Salz
Rosmarin
1/2 Dose Maiskörner

Zubereitung:

Zwiebeln im heißen Öl dünsten. Das Fleisch grob zerkleinern und mitbraten. Die Tomaten sowie die geputzten, in Stücke geschnittenen Champignons, die kleingeschnittene Knoblauchzehe, den Reis, das Tomatenmark und die Brühe hinzugeben. Mit Salz, Sojasoße und Rosmarin abschmecken.
Alles 20 Minuten kochen lassen. Dann die Maiskörner mitsamt dem Saft unterrühren und servieren.

Erbsensuppe mit Schweinefleisch

Zutaten:

1 große Zwiebel
50 g frischer Speck
350 g grüne Erbsen
2 l Wasser, Salz
450 g Schweinefleisch
(Schulter, Nacken oder Bauch)
7 Kartoffeln
2 Bund Suppengrün
Selleriesalz
feingehackte Petersilie

Zubereitung:

Speck würfeln, auslassen, darin die gehackte Zwiebel goldbraun braten. Die Erbsen mit dem Salzwasser hinzugeben. Alles zum Kochen bringen, dann ca. zwei Stunden ziehen lassen. Nun das in kleine Würfel geschnittene Schweinefleisch hinzugeben, alles aufkochen und ca. 1-1 1/2 Stunden kochen lassen.
Inzwischen die Kartoffeln schälen und würfeln, das Suppengrün kleinschneiden und ebenfalls zur Suppe geben. Nicht rühren! Sonst brennt alles an. Mit Selleriesalz salzen und alles 30 Minuten gar ziehen lassen. Mit Petersilie garniert servieren.

Variante:

Statt der frischen Erbsen können auch konservierte Erbsen verwendet werden. Dann können Sie die ersten zwei Stunden Kochzeit auf 10 Minuten reduzieren.

Aufläufe und Eintöpfe können besonders gut vorbereitet werden und schmecken aufgewärmt häufig noch besser als frisch zubereitet. Daher eignen sie sich vielfach vorzüglich zur Gästebewirtung.

Eines sollten Sie bei der Zubereitung beachten:

Gerichte deren Zutaten noch warm sind, müssen zum überbacken möglichst hoch in den Ofen geschoben werden und brauchen nicht lange zum backen.
Verwenden Sie kalte Zutaten, sollte der Auflauf auf der unteren Leiste gebacken werden und kann in den ersten zwanzig Minuten mit Alufolie abgedeckt werden um ein verbrennen der Kruste zu vermeiden.

Grünkernauflauf

Zutaten:

- 250 g grob gemahlener Grünkern
- 2 Zwiebeln
- 300 g Lauch
- 150 g Möhren
- knapp 1/4 l Gemüsebrühe
- 1/2 TL Kräutersalz
- Sonnenblumenöl
- 2 Tomaten
- 200 g frische Champignons
- Käse zum Überbacken

Zubereitung:

Das Öl in der Pfanne erhitzen. Zwiebeln würfeln, Lauch und Möhren putzen und waschen. Alles in kleine Stücke schneiden. Das Gemüse zusammen mit dem Grünkern in der Pfanne leicht anbraten, würzen, dann mit Gemüsebrühe auffüllen und 20 Minuten quellen lassen.
Die Masse auf ein tiefes Blech streichen oder in eine runde Kuchenform geben, mit Tomatenscheiben und in Scheiben geschnittenen Champignons belegen. Alles mit Kräutern der Provence und Salz würzen und mit Käse bestreuen. Den Auflauf bei 200°C etwa 20 Minuten backen lassen. Dazu einen grünen Salat reichen.

Thunfischauflauf

Zutaten:

- 125 g Spaghetti
- 1 Dose Thunfisch in Wasser
- 2 mittelgroße Zwiebeln
- 1/2 TL Selleriesalz
- 1 kleine Dose Tomaten,
- etwas Tomatenmark
- Käseersatzsoße (siehe Rezept)
- Sonnenblumenöl
- 1/8 l Wasser

Zubereitung:

Die Spaghetti in Salzwasser fast garkochen. Sie müssen noch Biß haben.
Sonnenblumenöl im Topf erhitzen, darin die in Würfel geschnittenen Zwiebeln dünsten, bis sie hellbraun werden. Nun die etwas zerkleinerten Tomaten mitsamt dem Saft hinzugießen. Evtl. mit Tomatenmark und Sojasoße abschmecken. Nun den Thunfisch kurz miteinrühren und die Soße mit den Spaghetti mischen. Alles in eine gefettete Auflaufform füllen, mit der Käsesoße übergießen und 40 Minuten bei 220 °C backen lassen.

Mein Tip:

Dazu schmeckt sehr gut ein frischer Salat.

Sauerkrautauflauf

Zutaten:

1 kg gekochtes Sauerkraut
(siehe Rezept)
1 kg Kartoffelpüree
ca. 400-500 g Kasselerreste

Zubereitung:

Sauerkraut, Kasselerreste und Kartoffelpüree abwechselnd in einer Auflaufform übereinanderschichten. Mit Kartoffelpüree abschließen. Darauf kann man noch rohe Zwiebelringe geben.
30 Minuten im Backofen bei 190-220°C backen.

Krabbenauflauf

Zutaten:

200 g Krabben
(tiefgefrorene oder aus
der Dose)
1 mittelgroße Zwiebel
3 Stangen Bleichsellerie
4 EL Sonnenblumenöl
4 Scheiben Toast
geriebener Käse
oder
Schmelzkäse und Milch
1 Ei
1/8 l Milch
Salz
Sojasoße

Zubereitung:

Zwiebel hacken, Sellerie in schmale Streifen schneiden. Beides im heißen Öl dünsten, bis die Zwiebel glasig wird.
Das in Würfel geschnittene Brot hinzugeben. Krabben auftauen lassen, die aus der Dose gut abspülen.
In die gefettete Auflaufform die Hälfte der Gemüse-Brot-Mischung füllen, Krabben und geriebenen Käse darauf verteilen (falls Sie keinen Hartkäse vertragen, lassen Sie etwas Milch im Topf heiß werden, geben Sie etwas Schmelzkäse hinzu und rühren Sie solange, bis eine breiige Masse entsteht. Diese können Sie dann über die Krabben anstelle des geriebenen Käses verteilen). Darauf die restliche Gemüse-Brotmischung geben. Nun das Ei mit 2-3 Spritzer Sojasoße, Salz und der Milch verrühren und über den Auflauf gießen.
25 Minuten bei 200 °C backen.

Die folgenden Rezept sind auch für Gäste geeignet. Zusätzliches Würzen ist hier in der Regel überflüssig.
Pizza ist auch gefriergeeignet und läßt sich daher ideal auf Vorrat backen. So haben sie dann mal auf die Schnelle ein Essen zur Hand. Allerdings sollte die Pizza dann noch nicht ganz fertiggebacken sein. Sonst wird sie beim Aufbacken schnell zu trocken.

Wer keinen Hartkäse verträgt, kann die Pizza ebenso mit Käsesoße oder Mozarella überbacken.

Sie können für Pizza auch fertigen Hefeteig kaufen. Die Fertigpizza sind immer zu stark gewürzt und daher nicht zu empfehlen.

Überbackene Toasts werden die meisten von Ihnen schon einmal gegessen haben. Probieren Sie auch einmal dunkles Brot anstelle des Toastbrotes.

Pizza Grundrezept

Zutaten:

500 g Mehl
20 g Hefe
1/8 l lauwarme Milch
1/16 l lauwarmes Wasser
1 TL Salz
5 EL Olivenöl oder
Sonnenblumenöl
1 TL Oregano

Zubereitung:

Mehl in eine Schüssel geben und in die Mitte eine Vertiefung drücken. Hefe hineinbröckeln und mit lauwarmer Milch anrühren. 15 Minuten an einem warmen Ort zugedeckt stehen lassen.
Dann nacheinander Wasser, Salz, Öl und Oregano mit den Knethaken verrühren.
Alles solange kneten, bis der Teig glänzt und sich völlig von der Schüssel löst.
30-40 Minuten an einem warmen Ort zugedeckt gehen lassen, bis sich der Teig verdoppelt hat.
Dann den Teig auf einem geölten Blech ausziehen bzw. ausrollen.
Mag man gerne dicken Teig, so kann man ihn jetzt noch etwas gehen lassen, soll er dünn und knusprig sein, sofort belegen und backen.

Pizza- und Toastbelag

in verschiedenen Variationen:

Der Unterschied zwischen Pizza und überbackenem Toast ist:

- 1. der Teig
- 2. der Unterbelag

Der Belag selbst und die Käsesoße bzw. der Schmelzkäse sind wiederum der gleiche.

Pizza Unterbelag für ein Blech Pizza

Zutaten:

500 g Tomatenpüree
oder
1 kleine Dose Tomaten
und etwas Tomatenmark
Sonnenblumenöl
oder Olivenöl
1 große, gehackte Zwiebel
Salz
evtl. 1 Knoblauchzehe

Zubereitung:

Die gehackte Zwiebel und die gepreßte Knoblauchzehe anbraten. Tomatenpüree oder zerkleinerte Tomaten hinzugeben, gut salzen und evtl. mit etwas Tomatenmark abschmecken.
Diese Masse auf den Pizzateig gleichmäßig verteilen.

Schinken-Ananas-Beläge

Zutaten pro Toast:

eine Scheibe Ananas
eine Scheibe
gekochter Schinken
ein Streifen Paprika

pro Blech:

12 Scheiben
gekochter Schinken
12 Scheiben Ananas
1 in Streifen geschnittene
Paprikaschote

Zubereitung:

Auf den gebutterten Toast die Schinkenscheibe und darauf die Ananasscheibe legen und mit Paprikastreifen garnieren. Mit der Käseersatzsoße oder geriebenem Käse bestreuen und 10-20 Minuten backen bzw. 3-4 Minuten grillen.
Auf den Pizzateig mit dem Tomatenbelag die Schinkenscheiben und darauf die Ananasscheiben verteilen. Mit Paprika garnieren. Darauf Käse oder Käseersatzsoße geben.
Die Pizza 25 Minuten bei Mittelhitze (180 °C) backen.

Die aufgeführten Beläge sind entweder für 1 Blech Pizza oder 12 Toasts berechnet. Der Unterbelag und der Käse bzw. die Käseersatzsoße bleiben wie bei den vorherigen Rezepten die gleichen.

Tomaten-Ei-Belag

Zutaten:

- 10 Tomaten
- 8 Eier, hartgekocht
- Petersilie
- Salz

Zubereitung:

Die Tomaten und die Eier in dünne Scheiben schneiden. Die Eierscheiben auf den Unterbelag legen, salzen, darauf die Tomatenscheiben, salzen, darüber Petersilie streuen, darauf die Käsesoße geben.
Wer mag, kann auch Champignons oder (und) Oliven auf die Pizza (Toasts) geben.

Thunfisch-Belag

Zutaten:

- 2-3 Dosen Thunfisch in Wasser
- 4-5 große, in Scheiben geschnittene Zwiebeln
- Sojasoße
- Selleriesalz
- 2-3 Paprikaschoten oder Oliven

Zubereitung:

Thunfisch mit Sojasoße und Selleriesalz abschmecken, gleichmäßig auf die Pizza verteilen. Darauf dann die Zwiebelringe und Paprika geben und alles mit Käsesoße überbacken.
Sämtliche Pizza- und Toastvariationen können noch zusätzlich mit Oregano, Majoran, Thymian oder Kräutern der Provence abgeschmeckt werden.
Auch gemischte Bleche schmecken ausgezeichnet.
Ein Toast braucht ca. 20 Minuten Backzeit.

Lauchtorte

Für ein Blech:
- 1 Pizzateig Grundrezept
- 700-900 g Lauch
- 900 g Zwiebeln
- 50 g fetter Speck
- 100 g roher Schinken
- Salz
- Sojasoße
- Beifuß
- 1 Grundrezept Käseersatzsoße

Zubereitung:
Den Pizzateig nach Rezept zubereiten. Den Lauch waschen und ebenso wie die Zwiebeln in dünne Scheiben schneiden. Den Speck würfeln, auslassen, die Zwiebeln darin hellbraun dünsten, Lauch 10 Minuten hinzugeben, alles gut salzen und mit Sojasoße abschmecken.
Die Gemüsemasse auf dem Teig verteilen, die Käsesoße darübergießen und 35 Minuten bei 225 °C backen.

Toast Bolognese

Zutaten:
- 200 ml Brühe
- 1 TL Salz
- 1/2 TL Rauchsalz
- 2 Spritzer Sojasoße
- 40 g geräucherter, durchwachsener Speck
- Sonnenblumenmargarine
- 600 g Gehacktes
- 2-3 große, gehackte Zwiebeln
- 1/2 kleingewürfelte Paprikaschote
- bei Bedarf 1/2 gepreßte Knoblauchzehe
- 250 ml Tomatenpüree
- 14 Scheiben Toastbrot
- Toastkäse

Zubereitung:
Den Speck in der Margarine anbraten. Die Zwiebeln darin anschließend glasig dünsten. Die Paprikastückchen hinzugeben. Das Fleisch nun solange darin braten, bis es krümelig wird, aber nicht braun. Alles mit etwas Mehl bestäuben, mit der Brühe und dem Tomatenpüree ablöschen. Mit Salz, Sojasoße und Rauchsalz würzen. Wer mag, kann noch Knoblauch und Oregano hinzufügen. Bei halbgeöffnetem Topf ca. 20 Minuten köcheln lassen. Falls die Bolognese trotzdem noch zu flüssig ist, etwas anbinden.
Zuletzt die Toastbrote mit der Soße bestreichen. Diesen Belag können Sie auch auf Pizzateig geben, in diesem Fall können Sie den Unterbelag weglassen. Zum Schluß den Käse auflegen und die Toasts bei 200 °C etwa 15 Minuten backen.

Besonderes für Gäste

In diesem Kapitel finden Sie Leckereien und Gerichte, die Sie für Gäste und an gemütlichen Abenden auftischen können.

Gefüllte Paprikaschoten und gefüllte Tomaten

Zutaten pro Person:

1 Paprikaschote
1 Fleischtomate
1 knappe halbe Tasse
Langkornreis
80 g Gehacktes
1 mittelgroße, gehackte Zwiebel
einige Champignons
1 geschälte Tomate
Sojasoße
Kräutersalz
Majoran
Thymian
Kräuter der Provence
50 ml Brühe
Sonnenblumenöl
Käseersatzsoße

Zubereitung:

Bei der Paprika und der Tomate den Deckel abschneiden (und zur Seite legen). Die Paprika gut entkernen, die Tomate mit einem Teelöffel aushöhlen, das Innere zerkleinern und aufbewahren.
Den Reis in Salzwasser knapp gar kochen. Im heißen Öl die gehackte Zwiebel andünsten, die Champignons hinzugeben. 5 Minuten später auch das Gehackte krümelig braten.
Nun das Innere der Tomate, die zerkleinerte, geschälte Tomate, die Hühnerbrühe und sämtliche Gewürze hinzugeben.
Alles gut durchkochen (wer mag, kann auch Knoblauch zufügen) und evtl. mit Tomatenmark anbinden.
Nun wird der Reis untergerührt.
Diese Masse wird in die Paprikaschote und die Tomate gefüllt, obenauf kommt etwas Käsesoße, darauf die Deckelchen.
Die Paprika und Tomate in eine Auflaufform oder auf einen Teller setzen und 25 Minuten bei 180 °C backen.
Haben Sie die Füllung schon einen Tag zuvor vorbereitet und ist sie somit schon abgekühlt, müssen Sie die Backzeit um etwa 20 Minuten verlängern.

Schinkenröllchen

Zutaten:

8 Scheiben gekochter
Schinken
1 kleine Dose Stangenspargel
ca. 1/2 Grundrezept Mayonnaise

Zubereitung:

Den gekochten Schinken von einer Seite mit Mayonnaise bestreichen.
3-4 Stangen Spargel auf je eine Scheibe legen und den Schinken zusammenrollen.
Oben als „Krönchen" einen Klecks Mayonnaise geben und mit einer halben Spargelstange verzieren.

Gefüllte Tomate

Zutaten:

- 8 Tomaten
- 200 g Gervais
- 50 g Magerquark
- 4 EL Frischmilch
- 4 EL Naturjoghurt
- 1/2 TL gehackte Zwiebeln
- 2 TL geriebener Meerrettich
- 4 EL vorgekeimte grüne Sojabohnen
- Petersilie
- Schnittlauch

Zubereitung:

Von den Tomaten die Deckel abschneiden und die Tomaten aushöhlen.
Alle angegebenen Zutaten miteinander verrühren, evtl. noch etwas salzen und in den Tomaten anrichten.
Zusätzlich mit Petersilie und Schnittlauch garniert servieren.

Gegrillte Tomaten mit Schafskäse

Zutaten pro Person:

- Sonnenblumenöl
- 2 mittelgroße Tomaten
- Salz
- Oregano
- Basilikum
- 60 g Schafskäse
- 1 Stück Butter
- bei Bedarf etwas Knoblauch

Zubereitung:

Eine flache Auflaufform mit Öl auspinseln. Falls draußen gegrillt wird, eine spezielle Alupfanne.
Die halbierten Tomaten mit der Schnittfläche nach oben in die Form setzen.
Mit etwas Salz (nicht zuviel, denn der Schafskäse ist salzig), Oregano und evtl. etwas Knoblauch würzen.
Darauf den in Stücke geschnittenen Käse verteilen und diesen mit Basilikum bestreuen.
Die Tomaten etwa 10 Minuten grillen oder 15 Minuten bei etwa 250 °C backen lassen.

Gemüsefondue

Zutaten für 6 Personen:

2 Suppenhühner
Sojasoße
Salz
4 Möhren
200 g frische Champignons
1/2 Blumenkohl
1 Staude Bleichsellerie
250 g Chinakohl
1 Bund Frühlingszwiebeln
150 g Blattspinat
bei Bedarf
Krabben, Stangenweißbrot,
verschiedene Dips

Zubereitung:

Von beiden Hühnern das Brustfleisch lösen, die Haut abschneiden und die Brustfilets kurz einfrieren.
Die Reste des Huhns mit 1 1/2 l Wasser und Salz im Topf zum Kochen bringen und unter gelegentlichem Abschäumen eine Brühe kochen (Kochzeit ca. 2 Stunden).
Die Hühnerteile aus der Brühe entfernen, die Brühe in den Fonduetopf gießen, mit Salz und Sojasoße abschmecken und auf einem Stövchen warmhalten.
Das angefrorene Filet in mundgerechte Stücke schneiden.
Den Blumenkohl in Röschen teilen, Möhren und Sellerie in Scheiben schneiden, Champignons schälen, Chinakohl, Spinatblätter und Frühlingszwiebeln waschen und putzen, in mundgerechte Portionen schneiden und alles in Portionsschälchen anrichten. Dazu verschiedene Dips und Weißbrot reichen. Jeder spießt sich Gemüse auf, gart es in der Brühe und dipt es dann in die Soße ein.

Folgende Dips sind besonders geeignet:
Kalte Dillsoße, Aioli, Käsesoße (erkalten lassen), Tomatenketchup. Für Gäste Curry, Muskat und Pfeffer bereitstellen.

Besonderer Hinweis:
Dieses kalorienarme Fondue wird mit Brühe, *nicht mit Öl* zubereitet.

Fleischfondue

Zutaten für 6 Personen:

300 g Hühnerbrustfleisch
300 g magerer Schweinenacken
(ohne Knochen)
300 g Rinderfilet
300 g Gehacktes
1 Ei
1 kleine Zwiebel
Salz
ein Topf Palmin
Stangenweißbrot
2-3 Salate
verschiedene Soßen

Zubereitung:

Das Fleisch von Sehnen und Häuten befreien und in mundgerechte Würfel schneiden.
Das Gehackte mit Ei, etwas Salz und gehackter Zwiebel mischen und kleine Bällchen daraus formen.
Das Fleisch in kleinen Portionsschälchen anrichten und die Salate zubereiten.
Das Fett heiß werden lassen und auf einem Spiritusbrenner warmhalten.
Das Fett muß immer sehr heiß sein, sonst schließen sich die Poren des Fleisches nicht.

Dazu können Sie folgende Soßen reichen:
Remoulade, kalte Dillsoße, Aioli, Pußtasoße.
Jeder bekommt eine Fonduegabel. Damit nimmt er ein Stück Fleisch auf und gart es im Topf (je nach Geschmack ganz durch oder innen noch rosa).
Dann taucht man das Fleisch auf dem Teller in eine Soße oder verzehrt es nur mit Salz und Pfeffer gewürzt.
Sie nehmen bitte keinen Pfeffer! Der ist nur für die Gäste!

Mein Tip:
Noch nicht so bekannt, aber sehr viel leichter verdaulich und kalorienärmer sind Gerichte aus dem Wok. Auch hier wird am Tisch gekocht. Rezepte hierzu gibt es in vielen Variationen in speziellen Kochbüchern.

Käsefondue

Zutaten für 5-6 Personen:

- 300 g geriebener Emmentaler
- 300 g geriebener Greyezer
- 1/8 l Apfelwein
- 1 TL Zitronensaft
- 4 TL Speisestärke
- 1 Gläschen Kirschwasser
- 1/2 Knoblauchzehe
- 2 große Stangen Weißbrot

Zubereitung:

Speisestärke mit Apfelwein und Zitrone glattrühren. Käse bei starker Hitze schmelzen lassen. Glattgerührte Speisestärke zugeben und alles mit einem Holzlöffel in Form einer Acht solange rühren, bis sich der Käse vollständig aufgelöst hat.

Mit Kirschwasser abschmecken. Den Fonduetopf mit der Knoblauchzehe ausreiben und die Käsemasse umfüllen. Das Brot in mundgerechte Happen schneiden und dazureichen. Mit Apfelwein und Salat ein vorzügliches Essen.

Sie sollten Fritiertes nicht außer Haus essen, da meist gemischtes Pflanzenfett verwendet wird. Dies kann Erdnußöl enthalten.
Daher sollten Sie als Fritierfett reines Kokosfett bevorzugen, auch wenn dies sehr stark schäumt. Es ist ebenso geschmacksneutral wie andere Pflanzenfette.
Das Fritierfett muß unbedingt die nötige Temperatur erreicht haben, bevor Sie das Fritiergut zugeben, denn sonst saugt sich dieses voll Fett und wird noch schwerer verdaulich als es ohnehin schon ist.
Fritiertes sollte stets frisch zubereitet verzehrt werden.

Pommes frites

Entweder Sie kaufen einen Beutel Pommes frites, die noch **nicht** vorgebacken sind oder Sie schälen Kartoffeln, schneiden sie in Stifte und fritieren diese.

Das Fett muß sehr heiß sein, bevor Sie die Pommes hinzugeben.

Anfangs schäumt das Fett sehr stark.

Die Pommes brauchen je nach Sorte 10-20 Minuten, ehe sie knusprig und gelbbraun sind.

Dann nehmen Sie diese heraus, geben sie in eine Schüssel und salzen sie von allen Seiten.

Chips

Zutaten pro Person:

100 g Kartoffeln

Salz

Zubereitung:

Die Kartoffeln schälen und in dünne Scheiben schneiden. Sehr gut abtupfen, da sie sonst aneinander kleben und so nicht braun werden.
In kleinen Mengen in die sehr heiße Friteuse geben und 2-4 Minuten backen.
Passen Sie hier gut auf, kontrollieren Sie zwischendurch, denn wenn sie zu braun werden, schmecken die Chips angebrannt. In eine Schüssel geben und gut salzen.
Man kann sie einige Tage in einer gut geschlossenen Dose aufbewahren.

Besonderer Hinweis:

Wenn Sie unbedingt das Bedürfnis haben Chips zu essen, kaufen Sie nur gesalzene!
Alle anderen sind mit Paprika, Peperoni usw. gewürzt.
Noch besser ist es, diese zu Hause selbst herzustellen, denn hierbei wissen Sie, in welchem Öl oder Fett sie gebacken wurden.

Kroketten

Zutaten:

- 1 kg gekochte Kartoffeln
- 2 Eier
- Paniermehl
- etwas Salz

Zubereitung:

Die noch heißen Kartoffeln stampfen und mit etwas Salz sowie einem Ei verquirlen. Die Masse nun abkühlen lassen und diese anschließend zu Röllchen formen, die dann erst in dem anderen, vorher verschlagenen Ei und anschließend in Paniermehl gewendet werden. Die Kroketten im heißen Ausbackfett goldgelb backen und anschließend leicht salzen.

Ausgebackene Zwiebelringe

Zutaten:

- 2 Tassen Mehl
- 2 Tassen Bier
- 1 TL Salz
- 2 EL feingehackte Petersilie
- 1/2 TL Thymian (getrocknet)
- 1 Prise Zucker
- 2 EL Sonnenblumenöl
- 1 kg in feine Ringe geschnittene Zwiebeln

Zubereitung:

Die Teigzutaten gut miteinander verrühren und eine Stunde ruhen lassen. Aus den Zwiebelscheiben die einzelnen Ringe herauslösen. Dann die Zwiebelringe in kleine Portionen mit einer Gabel durch den Ausbackteig ziehen. Es ist am besten, wenn der Teig in einer flachen Schüssel ist. Nun die Ringe in der Friteuse goldgelb backen und anschließend mit etwas Salz bestreuen.

Noch warm schmecken sie besonders gut zu Kurzgebratenem.

Fritierte Ananas

Zutaten:

12-14 Ananasscheiben
aus der Dose
125 g Mehl
1 TL Backpulver
1/16 l Bier (Pils)
1/16 l Wasser
1 EL Zucker
1 Prise Salz
1 Eigelb
2 steifgeschlagene Eiweiß

Zubereitung:

Das Mehl mit Backpulver mischen, Zucker, Salz und das Eigelb nach und nach unterrühren. Bier und Wasser hinzugeben.
Das steifgeschlagene Eiweiß unterheben. Die Ananasscheiben gut im Teig wälzen. Sofort in *heißes* Fritierfett geben und goldbraun fritieren. Anschließend auf sauberem Löschpapier abtropfen lassen und mit Zucker bestreuen. Noch warm servieren!

Kleine Mutzen

Zutaten:

50 g Butter
50 g Zucker
1 Ei
3 EL Rum
einige Löffel Milch
250 g Mehl mit
1 Päckchen Backpulver
gemischt
Zucker zum Wälzen

Zubereitung:

Butter, Zucker und Ei miteinander schaumig rühren.
Rum, Milch und Mehl (mit Backpulver) abwechselnd hinzugeben. (Es muß ein glatter Teig entstehen.)
Diesen dünn ausrollen, Quadrate abstechen, in das heiße Fett geben und goldgelb backen.
Mit einem Schaumlöffel herausheben, auf Löschpapier abtropfen lassen und in Zucker wälzen.

Da es mittlerweile eine unüberschaubare Anzahl Käsesorten auf dem Markt gibt, die auch je nach Gebiet variieren, ist es mir unmöglich, diese im einzelnen aufzulisten.

Doch auch hier ein paar wichtige Tips, nach denen Sie die erlaubten Käsesorten selbst herausfinden können:

1. Generell sollten alle Käsesorten, die Schimmel enthalten oder mit einer Schimmelschicht bedeckt sind, gemieden werden. Denn hier war ein Pilz der Gattung Penizillium am Werk, dessen naher Verwandter Ihnen sicher als Produzent des Antibiotikums Penzillin ein Begriff ist. Penizillin wird im Gegensatz zu anderen Antibiotika von vielen Psoriatikern schlecht vertragen und kommt auch als Auslöser einer Psoriasis in Frage.

Verboten:

- Camemberts
- Brie
- Edelpilzsorten
- Roquefort
- Bresse Bleu
- Gorgonzola
- Danablue
- Korbkäse und andere Sauermilchkäse mit „Edelschimmel"

2. Andere Käsesorten werden während des Reifungsprozesses mit Gewürzen übersprüht. Das erkennt man an der Außenschicht, die dann gekörnt und rau erscheint. Als Beispiele sind hier Appenzeller und Weißlacker zu nennen.

3. Gerade Schmelzkäse, Frischkäse und Sauermilchkäse werden manchmal Gewürze, wie Pfeffer, Kümmel und Paprika zugesetzt. Dies ist jedoch auf der Verpackung genau vermerkt. Die gleichen Sorten gibt es auch ohne diese Zusätze. Also **verboten** sind hier zum Beispiel:

- Kochkäse mit Kümmel
- Schmelzkäse mit Nüssen, Paprika, Schinken usw.
- Butterkäse mit Pfeffer

Andere Käsesorten können Sie durchaus essen. So gibt es auch herzhafte Sorten, die aufgrund ihrer Lagerzeit, dem Reifungsprozess und des Ausgangsproduktes (Kuh-, Ziegen-, Schafsmilch, die frisch, gesäuert usw. verwendet werden können) den pikanten Geschmack haben. Hier noch einige Vorschläge, die Sie ohne Reue genießen können:

Erlaubt:

- Gouda
- Tilsiter
- Feta
- Schafskäse
- Butterkäse
- Edamer
- Chester
- Hüttenkäse
- Frischkäse und Quarksorten ohne Gewürze
- Parmesan
- Emmentaler

Käseersatzsoße

Zutaten:

- 20 g Sonnenblumenmargarine
- 2 EL Mehl
- 1/4 l warme Milch
- Kräutersalz
- 1 Eigelb
- 30-40 g Schmelzkäse

Zubereitung:

In der heißen Margarine das Mehl rühren. Eine helle Mehlschwitze herstellen. Mit **warmer** Milch ablöschen, den Schmelzkäse unterrühren, bis er sich ganz verteilt hat. Dann salzen. Das Eigelb unterrühren, wenn die Soße nicht mehr kocht. Sofort die Soße über das Gericht geben.

Zur Beachtung:

Diese Soße ist zum Überbacken von Gerichten gedacht, also immer anstatt des geriebenen Käses. Sie wird auch etwas braun (wie Käse) und schmeckt ebenfalls gut.

Überbackener Feta

Zutaten:

- 200 g Feta
- 1 Rezept Tomatensoße
- oder Soße Bolognese

Zubereitung:

Der Feta wird in 4 gleichgroße Scheiben geschnitten und auf einem Blech im Backofen bei Oberhitze 10 Minuten überbacken. Anschließend wird er mit der Soße übergossen noch heiß serviert. Dazu reicht man frisches Weißbrot oder Ofenkartoffeln.

Der Feta wird beim Überbacken etwas zäher. Das ist normal und gibt sogar das gewisse Etwas.

Handkäse mit Musik

Zutaten:

300 g Mainzer Handkäse
ohne Kümmel
2 Zwiebeln
4 EL verdünnte Essigessenz
3 EL Sonnenblumenöl
1 EL Wasser
1 Prise Zucker
Salz nach Geschmack

Zubereitung:

Den Käse in Scheiben schneiden. Die Zwiebeln fein würfeln, mit Essig, Öl, Wasser, Zucker und Salz zu einer Soße vermischen. Diese über den Käse geben und gut durchziehen lassen. Den Salat auf 4 Salatblättern verteilen und mit frischem Weißbrot als Abendbrot oder Zwischenmahlzeit servieren.
Man kann den Käse auch am Stück lassen, aber dann zieht die Soße nicht so schön durch.

Das Süßigkeitsangebot ist unüberschaubar, und es wird laufend durch neue Produkte erweitert. Daher kann ich Ihnen hier nur die wichtigsten Punkte nennen, die Sie beachten müssen:

Achten Sie sorgfältig auf das Verzeichnis der Zutaten. Die Produkte sollten weder Nüsse, noch Orangen- oder Zitronenaroma enthalten. Auch bei der Bezeichnung „pflanzliche Fette" ist Vorsicht geboten.

Auf Stollen, Spekulatius, Kipferl, Pfefferkuchen, Lebkuchen usw. müssen Sie demnach verzichten. Mandel- und Butterplätzchen werden dagegen gut vertragen.

Süße Gerichte, Sahnetorten- und Obstkuchenrezepte können Sie auch aus anderen Kochbüchern übernehmen. Nüsse ersetzen Sie eben durch Mandeln.

Schokolade, die mit Kakaobutter und **ohne** Nüsse zubereitet wird, können Sie ohne weiteres essen.

Reagieren Sie sehr stark auf Nußprodukte, sollten Sie auch keine Vollmilchschokolade essen, sondern auf Joghurtschokolade, weiße Schokolade usw. zurückgreifen. Denn in Vollmilchschokolade können 5% Nüsse mitverarbeitet werden, ohne daß dies deklariert werden muß.

Auch Nougat wird aus Nüssen gemacht!

An Salzgebäck sind Cräcker und Salzstangen erlaubt. Chips, Flips usw. jedoch **nicht**, da gerade diese Produkte ziemlich stark gewürzt oder mit Erdnußprodukten zubereitet sind.

Mittlerweile sind auch Kräuterchips ohne Gewürze auf dem Markt.

Im Rahmen einer gesunden Ernährung sollten Sie schon allein Ihren Zähnen und Ihrer Figur zuliebe den Verzehr an Süßwaren weitestgehend einschränken. Süßhunger kann vielleicht auch mal mit einem süßen Hauptgericht, wie beispielsweise mit einem Hirseauflauf, befriedigt werden. Als abendliche Nascherei ist selbstgemachtes salziges Popcorn eine vollwertige und leichte Alternative.

Mandelsplitter

Zutaten:

Mandelsplitter und
Vollmilchschokolade
zu gleichen Teilen
Sonnenblumenöl
(für das Blech)
evtl. etwas Kokosfett

Zubereitung:

Mandelsplitter auf einem Backblech im Backofen kurz rösten.
Währenddessen die Schokolade im Wasserbad schmelzen.
Wer will, kann zur Verlängerung etwas Kokosfett hinzugeben.
Mandeln zur Schokolade geben, alles gut verrühren und teelöffelweise Häufchen auf ein geöltes Backblech setzen.
Dort abkühlen lassen.
Sie halten sich in einer gut verschlossenen Dose lange frisch.

Mein Tip:

Da gekauftes Konfekt sehr oft Nüsse enthält oder aus Bestandteilen der Erdnuß hergestellt wird, machen Sie sich Ihr Konfekt doch einfach selbst.
Rezepte für Rumkugeln, Trüffeln usw. finden Sie in vielen Kochbüchern (Nüsse lassen sich immer durch Mandeln ersetzen).

Haferflockenplätzchen

Zutaten:

4 EL Sonnenblumenöl
oder 75 g Butter
125 g *grobe* Haferflocken
75 g Zucker
1 Ei
50 g Weizenmehl
1 TL Backpulver

Zubereitung:

Die Haferflocken unter ständigem Rühren im ausgelassenen Fett bräunen. Zum Schluß 1 EL Zucker zugeben und weiterbräunen lassen. Diese Mischung kalt stellen.
Das Ei mit dem Zucker schaumig schlagen bis eine cremeartige Masse entsteht.
Das Backpulver mit dem Mehl vermischen und nach und nach zu der Eimasse geben.
Dann die Haferflocken langsam zufügen. Mit zwei **nassen** Teelöffeln (sonst klebt es) kleine Häufchen auf das gefettete Backblech setzen. (Die Häufchen laufen auseinander.) 12-15 Minuten bei 175-195 °C backen.

Kokosmakronen

Zutaten:

300 g Kokosraspeln
4 Eiweiß
150 g feiner Zucker
(Puderzucker ist am besten)
1 Beutel Vanillezucker
nach Belieben
2 EL dunklen Kakao

Zubereitung:

Das Eiweiß sehr steif schlagen. Zucker und Vanillezucker darunter mischen, ebenso die Kokosraspeln und evtl. den Kakao.
Anschließend kleine Häufchen entweder auf ein **sehr** gut gefettetes Blech oder auf Obladen legen und bei 140°C 25-30 Minuten backen.

Zitronenkuchen

Zutaten:

250 g weiche Butter
oder weiche
Sonnenblumenmargarine
150 g Zucker
4 Eier
150 g Mehl
100 g Speisestärke
1 Vanillezucker
2-3 Zitronen, ausgepreßt
200 g Puderzucker

Zubereitung:

Weiches Fett mit Zucker, Vanillezucker und Eiern schaumig schlagen.
Dann das Mehl während des Rührens nach und nach dazugeben. Zum Schluß 2 EL Zitronensaft unterrühren.
Die Kuchenform sehr gut einfetten, den Teig hineingeben und im Backofen backen.
Nach 15-20 Minuten den Backofen öffnen, mit einem Zahnstocher vorsichtig 6-7 mal einstechen und in die Einstichstellen teelöffelweise Zitronensaft einträufeln.
(Dadurch entsteht der sehr fruchtige Geschmack.)

Für die Glasur:

200 g Puderzucker mit 2-4 EL Zitronensaft vermischen und über den **erkalteten** Kuchen streichen.

Besonderer Hinweis:

„Normalen" Zitronenkuchen mit Zitronenaroma dürfen Sie nicht essen. Doch obiges Rezept schmeckt eigentlich noch fruchtiger und ist nicht verboten.

Butterplätzchen

Zutaten:

- 250 g Butter
- 150 g Zucker
- 2 Päckchen Vanillezucker
- 300 g Mehl
- 1 EL Milch

Zubereitung:

In die zerlassene und wieder etwas festgewordene Butter den Zucker und Vanillezucker geben und so lange rühren bis diese Masse weißschaumig geworden ist.
Dann eßlöffelweise das Mehl unter ständigem Rühren zugeben.
Wenn der Teig fester wird, die Milch zugeben.
Es muß ein glatter Teig entstehen. (Sollte er kleben, einige Zeit in den Kühlschrank stellen.)
Dann so dünn wie möglich ausrollen und Formen austechen.
Diese auf ein gefettetes Backblech legen und bei 175-195°C etwa 10-12 Minuten backen.

Mein Tip:

Diese Butterplätzchen erhalten ihr fantastisches Aroma durch die zerlassene und wieder festgewordene Butter. Die Mühe lohnt sich.

Quarkauflauf

Zutaten:

- 500 g Sauerkirschen oder Zwetschgen
- 1 EL Zitronensaft und Zucker
- 300 g Magerquark
- 2 Eier
- 2-4 EL Zucker
- 2 EL Speisestärke
- 1 TL Backpulver
- 1 Beutel Vanillezucker
- 2 EL Paniermehl mit Zucker vermischt
- 3 EL Mandelblättchen oder Mandelsplitter

Zubereitung:

Das entsteinte Obst in Zitronensaft und Zucker ziehen lassen.
In dieser Zeit Zucker, Quark, Eigelb, Stärke, Backpulver und Vanillezucker mit dem Mixer verrühren.
Das Eiweiß extra steif schlagen und anschließend unter die Quarkmasse heben. Die Früchte nun mit dem Quark verrühren und alles in eine Auflaufform geben.
Obenauf die Paniermehl-Zucker-Mischung geben und darauf die Mandeln verteilen. Einige Butterflöckchen darauf verteilen und den Auflauf 45 Minuten auf unterster Schiene bei 200°C backen.

Eisgrillage

Zutaten:

- 2 Tafeln Vollmilchschokolade
- 100 g gehackte Mandeln
- 40 g Sojakrokant
- oder
- Mandelkrokant
- 2 Eier
- 50 g Zucker
- 1/2 l Sahne
- 12 Schoko-Baiser-Plätzchen
- oder 2 Baiser-Böden

Zubereitung:

Die Eier und den Zucker steif schlagen.
Die Sahne extra steif schlagen, evtl. etwas Sahnesteif zugeben.
Das Baiser zerkleinern, und die Schokolade je nach Geschmack raspeln oder in Stückchen schneiden.
Die Mandeln kurz in der Pfanne anrösten. Alles mit einer Gabel vermischen und in eine Springform füllen.
In der Tiefkühltruhe gefrieren bzw. falls Sie sie sofort essen wollen, 1-2 Stunden anfrieren lassen.
Die Grillagetorte muß, wie alle anderen Tiefkühlwaren, vakuumverpackt eingefroren werden.

Mein Tip:

Da in gekaufter Grillage Nüsse enthalten sind, sollten Sie ohne großen Aufwand Eisgrillage selbst zubereiten.

Quarkplinsen

Zutaten für 4-6 Personen:

- 5 Eier
- 250 g Mehl
- 150 g Zucker
- 500 g Magerquark
- ein knapper halber Liter Milch
- 1/2 TL Salz

Zubereitung:

Eier trennen, Eiweiß steif schlagen. Das Eigelb mit dem Zucker schaumig schlagen, Quark und Salz hinzufügen. Abwechselnd Mehl und Milch unter Rühren hinzugeben.
Zum Schluß den Eischnee unterheben und die Plinsen in heißer Sonnenblumenmargarine von beiden Seiten bei mittlerer Hitze goldgelb backen.
Ich gebe pro Plinse 1-2 EL Teig in die Pfanne. So passen 3 Plinsen in eine Pfanne.
Größere Pfannkuchen schmecken nicht so gut, da sie dann in der Mitte nicht gar werden.

Popcorn

Zutaten:

- Maiskörner
- etwas Sonnenblumenöl
- Puderzucker oder Salz

Zubereitung:

Öl in einem Topf stark erhitzen, Temperatur herunterschalten und soviel Körner in den Topf geben, daß der Boden bedeckt ist; dann den Deckel schließen. Popcorn noch warm mit Puderzucker oder Salz bestreuen.

Mandelecken

Zutaten:

Für den Teig:

- 500 g Mehl
- 1/4 TL Salz
- 2 TL Backpulver
- 2 Eier
- 125 g Honig oder Zucker
- 150 g Butter

Belag:

- 125 g Butter
- 150 g Honig
- 5 EL Sahne
- 1/2 TL Vanillegewürz
- 250 g gehackte Mandeln
- Belag evtl. verdoppeln

Zubereitung:

Die Eier mit dem Zucker oder dem Honig schaumig schlagen, dann die Butter zufügen. Den Teig salzen und das mit Backpulver gemischte Mehl nach und nach unter Rühren zugeben. Den Teig kaltstellen, dann ausrollen und Plätzchen davon ausstechen.

Für den Belag Sahne und Fett aufkochen lassen, Honig, Vanillegewürz und Mandeln zufügen und ein paar Minuten köcheln lassen. Dann gleichmäßig auf den Teig verteilen und bei 195°C, 20-25 Minuten backen lassen.

Bienenstich

Zutaten:

Für den Teig:

- 200 g Butter
- 1 Ei
- 1-2 EL Honig oder Zucker
- 1 Prise Salz
- 500 g Mehl
- 40 g Hefe
- 1/2 Tasse warme Milch

Belag:

- 200 g Honig
- 250 g Mandelblättchen
- 125 g Butter
- 6 EL Sahne
- Vanillegewürz
- 2 bittere Mandeln, gemahlen

Zubereitung:

Einen Hefeteig zubereiten (siehe z.B. Pizzateig) und auf dem Backblech ausrollen. Dort noch einmal gehen lassen.
Honig, Butter, Sahne, Vanillegewürz und Mandeln aufkochen. Etwas abkühlen lassen und dann gleichmäßig auf den Teig verteilen. Bei 200°C 25-30 Minuten backen lassen.
Als besondere Verfeinerung kann man den Kuchen nach dem Abkühlen noch mit Vanillecreme füllen.

Backäpfel

Zutaten pro Person:

- 1 mittelgroßer säuerlicher Apfel
- 3-4 Rosinen
- 1 TL rote Marmelade (z.B. aus Erdbeeren oder Kirschen)

Zubereitung:

Apfel gut waschen, Gehäuse ausstechen und mit Rosinen und Marmelade füllen. Auf ein Backblech stellen und 20 Minuten bei 175°C backen. Dazu kann eine warme Sahne- oder Obstsoße gereicht werden.

Ananastorte mit Mandelcreme

Zutaten:

Für den Teig:

4 Eigelb
120 g Honig oder Zucker
2 EL lauwarmes Wasser
1 TL Rum
1/4 TL Backpulver
150 g Mehl
4 Eiweiß

Füllung:

100 g gemahlene Mandeln
2-3 gemahlene Bittermandeln
oder Bittermandelaroma
200 g Doppelrahm-Frischkäse
2 Eigelb
50 g Honig
3 EL Zitronensaft
3 EL Rum
800 g Ananas
Sahne zum Garnieren

Zubereitung:

Das Eiweiß steif schlagen.
Eigelb mit Honig schaumig schlagen, abwechselnd das mit Backpulver vermischte Mehl und die Flüssigkeiten zugeben.
Zum Schluß das Eiweiß unterheben, den Teig in eine Springform füllen u. ca. 35 Minuten bei 200°C backen lassen.
Nach dem Abkühlen zum Füllen einmal durchschneiden.
Die Zutaten für die Füllung miteinander vermischen, wobei man die Ananas in kleine Stücke schneidet und den Tortenboden damit füllt.
Mit steifgeschlagener Sahne verziert servieren.

Müsli als gesunde, nährstoffreiche Abwechslung zum herkömmlichen Frühstück, kann mit den verschiedensten Obstsorten zubereitet werden. Je nachdem welche Getreidesorten und Milchprodukte benutzt werden, gibt es eine Vielzahl von Variationsmöglichkeiten.
Müsli ist jedoch keineswegs so kalorienarm, wie viele glauben.

Ihrer Gesundheit zuliebe sollten Sie auf einige Dinge achten:

- Bevorzugen Sie frisches, gut abgewaschenes Obst mit Schale.
- Nehmen Sie frisch geschrotetes, rohes Getreide. Sie können es im Naturkostladen schroten lassen, brauchen also keine eigene Mühle. Erst dann können Sie sicher sein, das noch alle wichtigen Stoffe enthalten sind.

Wem die Zubereitung eines Frischkornmüslis zu aufwendig ist, kann auf fertige Müslimischungen zurückgreifen. Diese sollten aber möglichst weder Nüsse noch Zucker enthalten. Sie können sich auch verschiedene Sorten Getreideflocken und Trockenobst (ungeschwefelt!) kaufen und selbst eine Mischung zubereiten.

Müsli

Zutaten pro Person:

60 g geschroteter Weizen
oder 1 EL geschroteter Nackthafer
oder 60 g geschrotetes Sechskorn
oder 60 g geschroteter Roggen
oder 60 g geschroteter Hafer
110 ml Leitungswasser
1 TL frischgepreßter Zitronensaft
1 kleiner Apfel
100 g frisches Obst z.B. Heidelbeeren, Orangen, Mandarinen, Melone, Mirabellen, Stachelbeeren, Kirschen, Bananen, Kiwi usw.
20 g Cashewkerne
oder 20 g gehackte Mandeln
oder 20 g Pinienkerne
oder 20 g Pistazienkerne
1/2 Becher Naturjoghurt
oder 2 EL Quark
oder 2 EL Kefir
oder 2 EL Dickmilch
oder 1 EL süße Sahne
oder 1 EL saure Sahne
Zusätzlich kann man mit Honig oder Zucker süßen und das Müsli mit 1 TL Blütenpollen oder 1 TL Leinsamen anreichern.

Zubereitung:

Das Korn wird mit Wasser oder Sauermilch verrührt und bleibt zugedeckt zum Quellen im Kühlschrank (wichtig, da sich sonst zu viele Keime bilden!) stehen.
Nach etwa 12 Stunden gibt man den geraspelten Apfel, den Zitronensaft und evtl. noch etwas Honig hinzu und vermischt alles miteinander.
Darüber verteilt man das kleingeschnittene Obst der Jahreszeit, bestreut alles mit gehackten oder geriebenen Nüssen. In die Mitte gibt man geschlagene Sahne, Quark, Joghurt, Kefir oder Dickmilch.
Kommen Kiwis mit Milchprodukten in Berührung, bildet sich ein bitterer Geschmack. Das ist nicht gesundheitsschädlich, wird aber von vielen nicht geschätzt.
Mit Blütenpollen oder Leinsamen können Sie alles abrunden.
Das Müsli sollte sofort nach der Zubereitung serviert werden.

Mein Tip:

Natürlich können Sie auch die verschiedenen Getreidesorten oder Obstsorten mischen.

Aus dem ersten Kapitel geht schon hervor, welche Getränke psoriasis-provozierend wirken. Natürlich ergibt sich daraus, daß auch Mischgetränke, Bowlen usw. entsprechend zu meiden sind.
Daß Alkohol an sich psoriasis-provozierend wirkt, wurde unsererseits nicht festgestellt. Allerdings kann Alkohol bei einer akuten Psoriasis juckreizfördernd wirken. Eine stärkere Durchblutung läßt dann auch die entsprechenden Stellen röter und damit entzündeter erscheinen.

Nun noch ein paar Worte zu den verschiedenen Teesorten. Schwarzer Tee ist erlaubt. Doch die aromatisierten, schwarzen Tees sollten weder Orangen-, noch Zitronen-, noch irgendein Gewürzaroma enthalten. Auch die Früchtetees, deren Gebrauch sich zunehmender Beliebtheit erfreut, dürfen weder Zitrusschalen noch Orangenblüten o.ä. enthalten. Heiltees, wie Brennesseltee, Salbeitee usw., die nicht zum Genuß getrunken werden, sondern über eine Umstimmung des Organismus auch die Haut positiv beeinflussen sollen, sind durchaus als unterstützende Maßnahme zu empfehlen. Genaue Zusammensetzungen sind in verschiedenen Heilkräuterbüchern nachzuschlagen.

Früchtebowle

Zutaten:

500 ml Vanilleeis
1 Glas saure Kirschen
mit Saft
3 große Flaschen Maracujasaft
0,6 l Whisky

Zubereitung:

Alle Zutaten in ein Bowleglas geben, gut verrühren und nachdem das Eis etwas geschmolzen ist, servieren.
Sie brauchen die Bowle nicht ziehen zu lassen.

Erfrischungsgetränk

Zutaten:

35-40 Holunder-Blütendolden
4 l Wasser

Zubereitung:

24 Stunden stehen lassen, abseihen, 3,5-4 kg Zucker sowie 150 g Zitronensäure dazugeben. Ergibt ein gut haltbares mit Sprudel oder Mineralwasser verdünnbares Getränk.

Altbierbowle

Zutaten:

1 l Altbier
1 große Dose Früchte
z.B. Erdbeeren oder Pfirsiche
Himbeersirup
evtl. noch etwas Saft

Zubereitung:

Das Altbier mit den Früchten und dem Fruchtsaft vermischen und kurz durchziehen lassen. Nach Geschmack dann man noch etwas Sirup und Fruchtsaft zugeben.

Erdbeerbowle

Zutaten:

1 Glas eingemachte Erdbeeren
oder 500-750 g frische Erdbeeren
1 Flasche Erdbeerschaumwein
oder
1 Flasche Erdbeerwein,
je nach Geschmack Kandis
und Mineralwasser

Zubereitung:

Die Erdbeeren (mit dem Saft) zu dem Wein geben und die Bowle im Kühlschrank einige Stunden durchziehen lassen. Nach Belieben anschließend mit Kandis süßen und mit Mineralwasser auffüllen.

Fette, Öle, Margarine, Butter

Da die Kenntnis über die verschiedenen Fette und Öle für den Psoriatiker von großer Bedeutung sind, sollen die wichtigsten Punkte in diesem Kapitel kurz erläutert werden.

1. Pflanzliche Speiseöle

Die Qualität der Speiseöle ist von zwei Kriterien abhängig: der Pflanzenart, aus der das Öl gewonnen wurde und dem Herstellungsverfahren.

Da die Psoriasis negativ auf Erdnüsse, Walnüsse, Haselnüsse und Senfsamen reagiert, sollten weder die daraus hergestellten Speiseöle, noch die entsprechenden Margarinen in Ihrer Küche verwendet werden.

Einfache Speiseöle, die unter der Bezeichnung Tafelöl, Speiseöl, Pflanzenöl oder Salatöl angeboten werden, sind häufig Pflanzenölmischungen. Da hier häufig Erdnußöle mitverwendet werden, sollten Sie auf diese Sorten verzichten. Das gleiche gilt für Margarine. Einfache Pflanzenmargarine ist ein Mischfett.

Sojaöl, Leinöl, Sonnenblumenöl, Maiskeimöl, Distelöl und Olivenöl sind reine Öle, die ausschließlich aus der entsprechenden Pflanze gewonnen werden und deshalb auch für den Psoriatiker geeignet sind.

Nun haben Sie sicherlich schon über die Wunderwirkung der Omega-3-Fettsäuren, insbesondere der Eicosapentaensäure, bei Psoriasis gelesen. Nun, die ganze Euphorie ist hier wohl etwas übertrieben. Untersuchungen ergaben zwar, daß sich positive Wirkungen an der Haut zeigen, aber von Heilungen kann nicht die Rede sein. Trotzdem sei unbestritten, daß ein hoher Anteil an mehrfach ungesättigten Fettsäuren in unserer Nahrung die Abheilung fördert. Daher sollten Salate und Rohkostgerichte immer mit hochwertigen Ölen zubereitet werden. Maiskeimöl und Distelöl sind hier besonders geeignet.

Kaltgepreßte Öle werden so wenig wie möglich technisch beeinflußt. Sie enthalten daher den natürlichen Gehalt an ungesättigten Fettsäuren und Vitaminen, sind aber nur für die kalte Küche geeignet. Ihr intensives Aroma wird nicht von jedem geschätzt.

Zum Braten dagegen reichen auch billigere Ölsorten, da die Hitzeeinwirkung zur Veränderung des Fettsäuremusters führt. Fette sind auch Träger der lebensnotwendigen, fettlöslichen Vitamine A, D und E. Sie werden ebenfalls teilweise in der Psoriasistherapie eingesetzt.

2. Tierische Fette

Die tierischen Fette wie Speck und Butter bestehen vorwiegend aus gesättigten Fettsäuren und haben daher keinen Einfluß auf das Hautgeschehen. Ich verwende diese Fette gerne aus geschmacklichen Gründen. Negative Auswirkungen auf den Cholesterinspiegel sind beim Verzehr allgemein üblicher Mengen nicht zu befürchten.

Optimal ist die Verwendung einer ausgewogenen Kombination der verschiedenen Fette.

Schlußwort

Ich hoffe, Ihnen mit den Rezepten zeigen zu können, daß Sie als Psoriatiker auf nichts verzichten müssen und auch weiterhin ausgezeichnet essen können.
In dem Buch sind Gerichte aus allen Bereichen zusammengestellt, um Ihnen über die Anfangsschwierigkeiten hinwegzuhelfen.
Auch wenn Ihnen zuerst alles etwas kompliziert und ungewohnt erscheint, werden Sie bald ein sicheren Blick dafür haben, welche Lebensmittel für Sie geeignet sind und wie diese auch ohne Senf, Paprika, Pfeffer usw. delikat zubereitet werden können.
Ich bitte Sie, halten Sie durch, und der Erfolg wird nicht mehr lange auf sich warten lassen.

Sind Sie erst einmal erscheinungsfrei, können Sie die Diätregeln nach und nach etwas lockern und überprüfen, wie Ihre Haut und Gelenke darauf reagieren.

Zum Schluß möchte ich noch ein etwas heikles Thema anschneiden. Was kann ich in Restaurants oder Kantinen essen?

Auf Restaurantbesuche müssen Sie nun auch nicht ganz verzichten, obwohl die Auswahl doch klein ist.

Folgende Gerichte sind für Sie geeignet:

- Strammer Max
- Hawaiitoast
- Kasseler in Sauerkraut
- Eisbein in Sauerkraut gekocht
- verschiedene Omelettes
- Griechischer Salat
- Salatteller
- frisch zubereitete Steaks
- Ofenkartoffeln mit Kräuterquark
- gegrillter Fisch

Sie sollten die Gerichte ausdrücklich ohne Gewürze, aber mit Kräutern bestellen und sie lieber am Tisch etwas salzen.
Gerichte, die am Tisch vom Koch zubereitet werden, sind auch geeignet, da Sie darauf Einfluß nehmen können, welche Zutaten verwendet werden.

Insgesamt sollten Sie auf scharfe Gerichte in jedem Fall verzichten. Denn Ihre Psoriasis reagiert auf ein Pfeffersteak stärker als auf eine milde Suppe. Und es kann zwei Wochen dauern, bis Ihre Haut Ihnen diesen Fehler verziehen hat.

Kantinenessen ist in der Regel nicht zu empfehlen. Es sei denn, Sie greifen vermehrt auf die Salatbar zurück und bringen sich dazu ein selbstangemachtes Salatdressing mit. Denn Kantinenessen ist fertig gewürzt, und daher ist es nicht möglich, individuelle Wünsche zu berücksichtigen. Auch Vollwertgerichte sind gewürzt.
Wer bisher täglich in der Kantine gegessen hat, sollte versuchen, eine andere Lösung zu finden, vielleicht indem er ab und zu selbstgemachte Rohkostgerichte mitnimmt oder Brot mit Braten belegt.

Im Urlaub sollte man gerade im ersten Jahr die Selbstversorgung vorziehen. Denn viele ausländische Küchen gehen nicht gerade sparsam mit scharfen Gewürzen um. Und was ist ein Urlaub, wenn man sich in seiner Haut nicht wohlfühlt?

Gutes Gelingen und einen guten Appetit
wünscht Ihnen
mit freundlichen Grüßen

Andrea Weylo

Bezugsquellen

Metzgerei Kurt Baumgartner, Waldshuter Straße 2, D-7887 Laufenburg, Telefon 0 77 63/77 71.

Hotel/Restaurant Alte Post, Ehepaar *Draganski,* Andelsbachstraße 6, D-7887 Laufenburg, Telefon 0 77 63/78 36.

Ehepaar *Thielemann,* Unter dem Kirschbaum 2,
6330 Wetzlar

Fleischerei *Beel* GmbH, Mindener Str. 64-68,
4980 Bünde 1

Rezeptregister

Notizen

Notizen